현대인의
심리분석 에세이

― 사례중심 ―

이유섭

박영story

CONTENTS

CONTENTS

PREFACE

심리분석1) 상담의 문을 열면서

사람들은 상담실 찾는 것을 망설인다. 자기가 정신병이 아닌데, 그렇게 큰 이상이 없는데 심리 상담을 해야 하는가 하고 의문을 품을 수도 있다. 예를 들면 단지 누군가에게 인정받고 싶어 하고, 다른 사람과 큰 불화 없이 살기를 원하는 사람이 있을 수 있다. 또 성격이 너무 직선적이고 공격적인 사람도 있다. 그런 사람은 단지 두려움에서 벗어나기 위해 그렇게 하는 점에서는 보통 사람과 다를 바 없지만, 그 공격적인 성격을 없애지 못하기 때문에 무언가를 공격해야만 한다. 사실 이 사람은 무의식적으로 고통을 겪고 있다. 그는 두려움에서 벗어나기 위해 꾸준히 무엇인가를 해야만 하는 상태에 있는 것이다. 두려움을 방어하기 위해서 많은 음식을 먹으면서 에너지를 축적할 수도 있다.

또 가벼운 신경증의 경우에는 주변 환경이 그 원인일 수도 있다. 그런 경우 그를 둘러싼 환경, 즉 당사자가 아이라면 부모와 아이 사이의 문제를 예방하는 차원에서 심리 상담을 행할 수도 있다.

그러나 일반적인 생각과는 달리 그러한 복합 감정과 복잡한 사건들에는 언제나 무의식 속에 숨어 있는 뿌리 깊은 소외 감정들, 상처받은

---

1) 필자는 Psychanalyse를 문맥에 따라 심리분석 또는 정신분석으로 사용한다.

감정들, 콤플렉스들이 내재한다. 그것들은 겉으로는 눈에 보이지 않지만 특유의 작용을 한다. 자신의 의지와 상관없이 말이다. 그것이 바로 무의식이다. 심리분석 상담의 과정에서 내담자는 그동안 자신의 진정한 존재를 무시한 콤플렉스에 의해 쇠약해지고 왜곡되고 소외된 자아를 확인하게 될 것이고, 그 콤플렉스들이 고통과 아픔과 괴로움을 불러온 병적 증후군을 낳게 했다는 사실도 알게 될 것이다.

<스트레스가 심하다>고 말하는 한 직장인은 <너무 일을 많이 해서 그렇다>고 한다. 그러나 그는 스트레스가 정확히 무엇인지 모르고 있는 상태이다. 그저 바겐세일 시장에서 물건을 마구 사서 장바구니에 쑤셔 넣는 것처럼 닥치는 대로 살고 있다고 할까? 밀려 있는 일과 업무를 잔뜩 쌓아놓고 그 속에서 버둥거리는 것이다. 이러한 현상은 많은 사람들이 겪고 있는 증후군이다. 사람들은 흔히 이러한 현상을 <피곤해>, <과로야>라는 말로 넘겨버리려 한다.

필자는 그가 일을 많이 한다는 것을 인정한다. 그러나 그는 근본적인 이유를 알지 못하고 그렇게 한다. 그는 상사 앞에서, 다른 동료 앞에서 실수할까 봐 끊임없이 불안하다고 고백한다. 그는 일상적인 일과 행동조차 <실수>할까 봐 항상 두려워한다. 그러니 항상 피로할 수밖에 없다. 그렇게 되면 나아가 감정도 과로하고 정상적인 대화조차도 힘들게 된다. 그는 항상 무엇인가가 자기를 추적하고 짓누르는 것처럼 늘 불안하다고 한다. 무의식의 죄책감, 열등감, 불안, 강박증, 억압된 공격성 등에 빠져 있는 것이다. 그는 끊임없이 자기 불안을 방어해야만 하는 상황에 놓여 있다. 그래서 다른 사람에게는 자신의 겉모습만 나타나게 된다. 속마음을 숨기고 겉모습만 드러나게 하려니까 많은 에너지를 속마음을 감추는 데 사용해야만 한다. 그것이 그를 신경 쇠약에 걸리게 한 것이다. 그러므로 <과로>가 스트레스의 원인이 아니라 <불안>과 <두려움>이 스트레스, 신경 쇠약을 일으킨 원인인 것이다.

이처럼 실수와 징벌에 대한 신경과민으로 고통을 겪는 사람들이 많이 있다. 그들은 마치 실수와 징벌을 찾는 것처럼 사건을 일으킨다. 꼭 실수를 저질러야 만족하는 것 같이 보인다. 그러나 모든 것이 무의식중에 벌어지고 있어서, 자신의 그런 모습을 알지 못한다. 그들은 실수가 자신이 무의식적으로 찾고 있는 징벌에 대한 요구라는 사실을 모른다. 사실 거기에 무의식의 죄책감이 작용하고 있는 것이다.

이와 같이 정신분석, 심리분석은 한 개인의 삶, 인성을 펼쳐 고통을 겪고 있는 심층의 동기를 알게 해서 치유한다. 종종 그 심층의 동기는 겉으로 보이는 동기와 반대인 경우가 있다. 그런 이유로 심리분석 상담자2)는 휴머니즘과 인문과학을 깊이 있게 알고 그것이 몸에서 우러나야 한다. 큰 고통을 겪고 있는 한 인간의 고갈된 샘을 찾아야 하기 때문이다.

분석은 지극히 섬세하고 정교한 작업이다. 인성의 거짓 구조를 제거해야 하기 때문이다. 그래서 성공적인 분석은 분석내담자에게 새로운 삶을 찾아준다. 그런 경우 분석내담자는 신경증적 특징을 과감히 버리고, 삶의 환희와 깊이를 깨닫고 추구하게 된다.

분석은 새로운 건축을 위해 낡은 것을 부수는 방식으로 진행된다. 그렇다면 무엇을 부수고, 무엇을 새로 건축하는가?

사실 많은 사람들이 자신의 진정한 인성과 마음을 알지 못하고 어른이 된다. 어른이 되어서도 자신의 인성대로, 자신이 바라는 대로 살지 못한다. 그의 삶은 정신심리적 충격들, 트라우마들(Traumas), 억압들, 금지들, 불안들, 콤플렉스들로 감싸여 있다. 이 모든 부정적 요인을 감추고 방어하기 위해 사람들은 핑계와 겉치레와 합리화로 그것을 포장한다. 그렇게 되면 진정한 마음을 덮어버린 핑계와 겉치레가 진심을 삼켜버린다. 그러므로 분석은 무엇인가를 제거하는 것이 아니라 파묻힌 것을 다

---

2) 프랑스에서는 심리분석상담자를 psychanalyste(정신분석가, 심리분석가)라 하고, 분석내담자를 Psychanalysant(정신분석수행자, 심리분석수행자)라 부른다.
프랑스어 psychanalysant의 접미사 –ant는 현재분사의 형태이다. 이것의 의미는 심리분석을 수행하는 사람은 심리분석가가 아니고 분석하러 와서 현재 분석을 수행하는 내담자 자신이라는 의미를 함축한다. 필자는 편의상 줄여서 분석가와 분석내담자(또는 내담자)로 쓰기로 한다.

시 꺼내는 작업이다. 분석은 진심을 파괴하는 것이 아니라 진정한 자신, 자아를 서서히 침식해 왔던 좀벌레, 그 정신 병리들을 부수는 데 목표가 있다.

그러면 정신분석, 심리분석을 한 후에 어떤 변화가 일어날까?

대부분 삶의 조화를 찾고 자기의 삶을 잘 영위한다. 부부의 경우도 부부 사이의 갈등을 지혜롭게 해결하고 이해와 조화를 찾게 된다. 그러나 어떤 경우에 남자가 굉장히 박력 있고 권위적인 반면 여자는 매우 연약한 형태의 삶이 있을 수 있다. 반대로 여자가 드세고 공격적인데 남자는 연약한 형태도 있을 수 있으며, 또 사디즘(가학증)이나 마조히즘(피학증)적인 관계 형태도 있을 수 있다.

가끔 폭력적 성격을 가진 남편이 분석을 하면서 변화하는 것을 본다. 신경질과 폭력의 원인이 소멸되었을 때, 그는 가학적이고 공격적으로 살지 않게 되었다. 그 결과 거짓된 부부 관계, 즉 아내는 학대당하고 남편은 학대하는 관계가 우르르 무너져 내린 것이다. 순종의 대상이던 아내가 이제 상호 협조의 대상으로 바뀐다. 그는 신경질적이고 공격적인 성질을 멈추고 이제 더 이상 고통을 겪지 않는다. 거기다가 아내까지 분석을 하면 더욱 좋다. 부부가 분석을 하는 경우 남편의 분석이 끝난 후 아내가 하든지, 아니면 아내의 분석이 끝난 후 남편이 하는 식으로 되어야 이상적이다. 분석은 절대적으로 비밀이 지켜져야 하기 때문이다. 그래서 가족 부부 상담의 경우에 부부 각자의 분석 상담과 부부가 같이하는 상담을 적절하게 병행해야 좋다.

분석은 분석가와 분석내담자 사이에 끈끈한 유대를 바탕으로 한다. 이 작업은 분석가와 내담자에게 진부하고 평범한 것에 만족하도록 하지 않는다. 분석은 무엇보다도 진심의 구성과 재건을 향한 심층 연구이다. 그렇기 때문에 분석은 임상이자 학문인 것이다.

일단 태어난 인생은 각자의 고유한 인생이기 때문에 분석은 절대적으로 개인적으로 진행된다. 분석 과정 동안은 완전한 자유를 누린다. 그래서 분석 초기에 내담자는 분석가에게 최소의 신뢰를 갖고 시작하고,

분석가는 내담자에게 가능한 한 최대의 신뢰를 갖게 되는데, 이는 아주 자연스러운 일이다.

분석은 나이, 인종, 종교, 지식, 학벌, 문화, 사회적 계층 등과 아무런 관계가 없다. 단지 내담자의 마음 자세만 갖춰지면 족하다. 분석 기간은 방법에 따라 다르다. 우리가 단지 표면적인 원인만을 치유하기 바란다면 단순한 조언이나 카운슬링으로 족하다. 그런 경우라면 분석 상담 기간도 짧을 것이다. 그러나 병적 증후군을 치유하려고 하거나 자기 분석이나 좀 더 가치 있는 삶을 원하는 경우라면 심층 분석이 필요하다. 심층 분석에는 더 긴 기간이 필요하다. 만약 어떤 병적 증후군을 너무 성급하게 치유하려 하면, 우리의 정신심리 구조는 반발하게 되고 오히려 더욱더 심한 불안과 고통에 직면한다. 즉 마음의 문을 닫아서 도저히 극복할 수 없는 덫에 걸린다. 그러므로 분석은 항상 조화를 추구하며 천천히 진행되어야 한다.

제1부

심리분석의
사례적 접근을 위하여

딸이 아빠만 좋아해요

- 오이디푸스 콤플렉스

> 삼십 대 주부입니다. 네 살 된 딸아이가 있는데요. 언제부턴지 모르겠지만 저를 멀리하고 아빠한테만 붙어서 놀곤 해요. 밥을 먹을 때도 항상 아빠 옆에서 먹고, 목욕할 때도 항상 아빠한테 해 달라고 하고, 모든 일을 항상 아빠하고만 하려 합니다. 저와 있으면 우울해하다가도 아빠만 보면 웃곤 해요. 저도 아이에게 잘해 주는데 저만 미워하는 건 아닌지요. 아니면 아이에게 문제가 있는 걸까요? 어떻게 하면 예전처럼 아이와 잘 지낼 수 있을까요?

먼저 우리가 잘 알고 있는 고대 그리스의 오이디푸스 신화를 살펴보면서 시작합니다. 간략한 줄거리는 다음과 같습니다.

주인공 오이디푸스가 태어날 무렵 그의 아버지 라이오스 왕에게 신탁이 내립니다. 왕이 자기 아들에게 죽게 되고 아들이 아내를 차지한다는 것입니다. 이 말을 들은 왕은 오이디푸스가 태어나자마자 두 발을 묶어 산속에 버립니다. 오랜 세월이 흐른 뒤 나라에 큰 걱정거리가 생깁니다. 스핑크스라는 괴물 때문입니다. 스핑크스는 날개 달린 사자 같은 모습에 가슴과 머리는 여자인 괴물입니다. 그러던 어느 날 라이오스 왕이 궁궐을 멀리 떠났다가 도적들에게 습격을 당해 죽습니다. 한편 오이디푸스는 다른 나라에서 자라서 정처 없는 유랑 생활을 합니다. 그러던 어느 날 스핑크스를 만납니다. 스핑크스는 큰 바위 뒤에서 나타나 묻습니다. 「아침엔 네 다리, 낮엔 두 다리, 저녁에 세 개의 다리로 걸어다니는 동물이 무엇이지?」 오이디푸스는 「인간이다! 어릴 때는 두 손과 두 발로 기어 다니고, 장년이 되어 두 발로, 노년에는 지팡이의 도움으로 걸어 다니지!」라고 대답합니다. 그것은 정답이었습니다. 스핑크스는 자신의 권위를 보증해 주던 수수께끼가 풀리자 부끄럽고 수치스러워 바위에서 떨어져 죽습니다.

스핑크스를 물리친 오이디푸스는 왕으로 추대되어 왕비와 결혼합니다. 그런데 오이디푸스가 왕이 된 새 나라에 무서운 전염병이 퍼져나갑니다. 그 우환의 원인은 오이디푸스가 자기 아버지를 죽이고 어머니를 아내로 삼았기 때문이라는 것입니다. 오이디푸스는 이 이야기의 진실을 수소문한 끝에 유랑 시절 한 무리와 싸워서 그 우두머리를 죽인 적이 있었는데, 그 사람이 자기 아버지였으며, 지금 왕비가 자기 어머니라는 사실을 알게 됩니다. 그 후 죄책감에 빠진 오이디푸스는 자기 두 눈을 찔러 장님이 됩니다.

이 이야기는 인간이 무의식 속에서 갈등하는 장면을 상징합니다. 만 세 살 무렵부터 남자아이는 어머니에 대한 애정 충동, 성적 충동이 왕성해져서 근친상간적 무의식을 갖게 되고, 아버지를 자신의 경쟁자로 생각해서 적대 감정을 품게 됩니다. 즉 아이가 다른 성의 부모에 대해 사랑의 감정, 성적인 욕망을 표현하고, 같은 성의 부모에게는 적의를 표현하는 아이의 무의식 감정의 표상을 우리는 <오이디푸스 콤플렉스>라고 합니다. 오이디푸스 콤플렉스는 반대로 같은 성의 부모에게 사랑을 표상하고 다른 성의 부모에게 적의를 표상할 수도 있습니다. 정신분석학에서 오이디푸스는 프로이트에 의해 정의된 콤플렉스이면서 동시에 그에 의해 창안된 신화를 의미합니다. 프로이트가 창조한 이 신화는 인류의 기원을 조명하고, 남녀의 차이, 거세 콤플렉스, 가족 관계와 자손 관계, 인간관계를 조명하는 중요한 토대가 됩니다. 무엇보다도 오이디푸스는 단순히 생애의 어느 한 시기에 국한된 경험만이 아니라, 우리가 살아가는 동안 끊임없이 되풀이되고 재현되는 마음의 심리 경험, 무의식적 심리 경험을 의미합니다.

요약해서 오이디푸스 콤플렉스는 만 세 살에서 여섯 살 사이에 아이가 성에 대해서 눈뜨기 시작할 때 인간이면 누구나 거치는 경험입니다. 이 기간은 대단히 중요해서 잘못 거치게 되면 나중에도 영향을 끼치게 되어 여러 가지 신경증, 강박증, 공포증 등이 나타날 수도 있습니다.

이 시기의 여자아이에게는 남자아이의 페니스를 갖고자 하는 바람, 즉 남근 선망이 나타나게 됩니다. 이 남근 선망이 사랑의 대상을 어머니에서 아버지로 옮겨가게 합니다. 당신의 네 살 된 딸아이의 현재 상황은 아주 자연스러운 것입니다. 그러므로 이제 부모는 딸아이가 이 기간을 잘 거치도록 도와주어야 합니다. 무엇보다도 부부가 두터운 애정 관계에 있음을 아이에게 확신시켜 주는 것이 중요합니다. 만약 엄마가 아빠에게 아무런 기쁨을 주지 않는다면, 딸애는 자기가 아빠의 아내로 자리 잡으려 하게 됩니다. 부모의 두터운 애정을 알게 되면, 엄마는 아빠를 사랑하고 아빠는 엄마를 사랑한다는 것을 인지하게 되고, 이렇게 아이는 서서히 세상의 법칙을 이해하게 될 것입니다. 그리고 세상에서 일어나는 일에 대해 여러 가지 질문을 할 것입니다. 그 질문들에 대해서 어머니, 아버지는 아는 범위 안에서 아이의 눈높이에 맞추어서 열심히 설명해 주어야 합니다. 인간은 대화의 존재입니다. 아이와의 진정한 대화, 소통으로 아이는 점점 세상의 이치를 알게 되고 인지적 성장을 합니다. 그러면 아이는 아버지에 대한 집착을 포기하고 가정과 사회의 규칙을 받아들이고 자아의 발전을 지향해 가는 것입니다. 가능하다면 같은 또래의 아이들과 어울리게 하거나 놀게 하는 것도 인간관계를 익히고 사회생활을 알게 하는 좋은 방법이 됩니다.

강제로 딸아이의 사랑을 제지한
다든지, 부모가 딸아이의 사랑을 서
로 차지하고 싶어 과잉보호를 해서
는 안 됩니다. 오이디푸스 콤플렉스
기간 동안의 과잉학대, 과잉보호는
아이가 후에 사회생활을 하는 데 결
정적으로 악영향을 끼치게 됩니다.
아이가 당신에게 돌아오는 것이 중
요한 것이 아니라 가정과 사회의 규
칙에 잘 적응해 가는 것이 중요합니
다. 특히 이 시기에 아이는 부모를 본받아야 할 이상으로 생각하기 때문
에 부모는 더욱더 바람직한 인격을 잘 갖추고 모범적인 실천을 해야 합
니다.

이제부터 아이가 부모 품을 벗어나는 시기가 시작된 것입니다. 충격
적이지 않게 서서히 조금씩 어린이집이나 또래 아이와 어울리게 하면서
교육을 시작하는 것이 좋은 방법입니다. 부모는 부모가 받아온 방식대
로, 보상심리로, 부모 욕심대로 아이를 교육해서는 안 됩니다. 눈높이에
맞는 많은 대화와 아이에 대한 개성 존중, 사회의 규칙 존중, 성숙한 사
랑과 인간애, 휴머니즘이라는 기준에 의거해 아이가 잘 자라도록 도와주
어야 합니다.

결혼할 남자가 있는데 옛 남자 친구를 만났어요

- 사랑과 현실

저는 20대의 직장 여성입니다. 고등학교 3학년 때부터 사귀던 남자가 있습니다. 저에게는 처음 이성으로 다가온 남자였기에 그 애를 남몰래 좋아했습니다. 그러다가 저와 그 애 사이에 오해가 생겨서 헤어졌습니다. 그러던 중 요즈음 우연히 그 애와 다시 만났고, 그동안 오해가 있었다는 것을 알았습니다. 친구들이 그 애와 내가 잘되는 것을 방해했다는 것을 알게 되었던 거죠. 우리는 급속히 가까워졌고, 잠자리도 같이하게 되었습니다. 그런데 저에게는 집안끼리 인사도 하고 이제 결혼 문제를 결정할 정도로 말이 오고간 남자 친구가 있습니다. 어떻게 해야 할지 고민입니다.

『빨간 모자 꼬마아가씨』라는 세계적으로 유명한 동화가 있습니다. 옛날에 작고 귀엽고 천진난만한 소녀가 있었습니다. 어느 날 어머니는 기력이 약한 할머니에게 음식을 갖다 주라고 심부름을 시켰습니다. 그리고 갈 때 다른 데에 한눈팔지 말고 조심하라고 당부합니다. 빨간 모자 꼬마 아가씨는 알았다고 하고는 짐 꾸러미를 들고 오솔길에 들어섭니다. 가던 중 소녀는 숲 속에서 늑대 한 마리를 만납니다.

「빨간 모자 꼬마아가씨! 안녕?」

「늑대 아저씨, 안녕?」

둘은 인사를 나누고, 몇 마디 대화를 주고받습니다. 소녀는 늑대가 얼마나 무서운지를 모릅니다. 늑대는 소녀를 꾀어 숲 속의 아름다움에 빠지게 하고, 그곳에서 꽃을 주우면서 놀게 합니다. 그동안 늑대는 할머니가 살고 있는 집에 달려가서 순식간에 할머니를 삼켜버립니다. 한편 실컷 꽃을 꺾던 소녀는 문득 할머니 생각이 떠오릅니다. 그래서 황급히 할머니 댁으로 갔습니다. 할머니 댁에 이르자 대문이 열려 있고, 「할머니!」 하고 소리쳤지만 대답이 없습니다. 소녀는 침대로 갔습니다. 거기에 할머니가 모자로 얼굴을 가린 채 누워 있습니다. 사실은 늑대였습니다.

소녀가 「할머니! 할머니 손이 왜 이렇게 커요?」, 「입이 왜 이렇게 커요?」 하고 묻자 늑대는 「너를 안아주기 위해서고, 또 너를 잡아먹기 위해서야」 하고 말하면서 덥석 소녀를 삼켜버렸습니다. 그러고 나서 배가 불러 침대에서 잠이 듭니다.

때마침 젊은 사냥꾼이 그 옆을 지나다가 그 집에 들릅니다. 사냥꾼은 늑대의 배 속에서 나는 이상한 소리를 듣고는, 늑대의 배를 갈라 소녀와 할머니를 구합니다. 그리고 소녀의 생각대로 늑대의 배 속에 커다란 돌을 가득 채웁니다. 깨어난 늑대는 목이 말라 우물로 갔는데, 물을 긷기 위해 우물가에 배를 걸치다 돌이 너무 무거워 우물에 빠져 죽습니다.

이 동화는 한 소녀가, 우리 인간이 가족이라는 울타리를 벗어나서 어떻게 성숙한 어른의 모습으로 성장하는지를 상징적으로 나타내는 이야기로 풀이할 수 있습니다. 우리는 이 이야기에서 두 개의 집을 봅니다. 어머니의 집과 할머니의 집입니다. 어머니의 집은 순진무구하고 평온한 어린 시절의 어머니 품과 같은 집입니다. 할머니의 집은 불구의 집입니다. 그곳에서 늑대 사건이 벌어집니다. 빨간 모자 꼬마아가씨는 기꺼이 어머니의 집을 떠납니다. 외부 세계는 소녀에게 두려움의 대상이 아닙니다. 소녀는 외부 세계도 역시 아름다운 것이라고 여깁니다. 바로 여기에 위험이 도사리고 있습니다. 만약 외부 세계가 너무 포악하고 유

혹적이면, 인간은 자폐증에 걸린 아이들처럼 외부 세계에 대한 공포 때문에 다시 어머니의 집으로 들어가 자기 폐쇄의 길을 가게 될 것입니다.

소녀는 어머니가 주의하라던 말을 잊고, 아니 어른들의 비밀을 알기 위해서 열심히 꽃을 꺾으며 신바람이 납니다. 할머니에게 꽃을 드려야겠다는 그럴 듯한 핑계를 대고 말입니다.

빨간 모자는 월경과 성의 상징입니다. 바구니에 꽃이 가득 찼을 때, 즉 세상의 즐거움을 만끽한 후 즐거움이 별것 아니라는 판단이 섰을 때, 더 이상 꽃을 꺾지 않고 할머니의 집으로 돌아옵니다. 그제야 비로소 현실을 파악한 것입니다.

할머니의 집에 온 소녀는 큰 눈과 귀와 손과 입을 가진 할머니를 주목합니다. 그것들은 세상의 모든 것들을 이해하기 위한 상징들입니다. 소녀는 금세 세상과 남자의 위험을 알아차립니다. 여기서 대립적인 두 부류의 남성상이 나타납니다. 하나는 할머니와 소녀를 삼키는 위험한 유혹자, 늑대 같은 남성상이며, 다른 하나는 할머니와 소녀를 구해 주는 힘 있는 아버지상, 사냥꾼의 남성상입니다. 그것은 인간에게 두 성향, 즉 이기주의적이고 비사회적이며 폭력적인 성향과, 인자하고 사회적이며 정의로운 성향이 있다는 것을 상징합니다.

소녀가 이러한 배움의 과정에서 깨달은 것은 유혹을 경계해야 하고 천진난만한 아이로 살아가서는 안 된다는 것입니다. 이 이야기는 역설적으로 말해서, 늑대든 어머니든 할머니든 아이 같은 천진난만함은 위험하다는 사실을 전하고 있습니다. 왜냐하면 늑대의 위험에 직면했을 때 어머니도 할머니도 아무 도움이 되지 않았기 때문입니다.

마찬가지로 당신이 겪은 남자 친구 이야기는 부모 곁을 벗어나서 어른이 되는 과정에서 일어날 수밖에 없는 일입니다. 이 필연적인 일을 회피하여 다시 부모 곁으로 돌아갈 수는 없다고 생각합니다. 그것은 자기 폐쇄를 알리는 신호이기 때문입니다. 그렇다고 늑대의 유혹에 빠져서도 안 됩니다. 늑대는 현실을 벗어난 본능의 상징입니다. 구원자 사냥꾼이 소녀를 구합니다. 사냥꾼은 현실이요, 현실 원칙입니다. 인간은 현실에서 살 수밖에 없는 존재입니다. 현실을 떠난 어떤 무인도에서 평생을 홀로 살 수는 없겠지요.

결국 소녀는 늑대의 배를 돌로 가득 채우자는 생각을 해내고 자신이 직접 늑대를 물리칩니다. 이야기 속의 소녀처럼 현실을 잘 분별해서 지혜롭게 늑대의 유혹을, 인생의 난관을 잘 이겨내세요.

우리는 죽고 못 사는 단짝인데
어느 날 그 언니가 소개팅을   - 동성 연애 심리

> 대학 초년생일 때, 우린 죽고 못 사는 단짝이 되었어요. 같은 과 언니랑 저랑 모두 애인이 없었어요. 둘 다 고고한 학처럼 지내왔는데, 그 언니가 소개팅을 간대요. 저는 막 화를 냈어요. 안 된다고. 언젠가는 떠날 언니지만 아직 싫은데. 이제 영화는 누구랑 보러 가죠. 그 언니만큼 맘에 드는 사람은 없는데⋯⋯. 그 언니가 소개팅해서 어떤 남자랑만 다닐 것 같아요. 한 번도 떠날 거라고 상상해 본 적이 없는데, 그 언니의 모습이 그리워요. 괜히 화가 나고 만남이 잘 안 되었으면 하는 생각이 들어요. 선생님, 제가 이상한 건가요? 아니면 욕심이 많아서인가요? 소개팅을 방해하면 안 되겠죠?

    예전 프랑스 유학시절에, 두 쌍의 <동성 연애자>를 심층 촬영한 TV 르포르타주를 본 적이 있습니다. 한 쌍의 남성 동성연애자가 사는 아파트에서 인터뷰하며 그 남성 부부의 삶을 적나라하게 보여주더군요. 같이 시장 봐서, 저녁 준비하고, 먹고, TV 보고, 하루의 생활을 이야기하고, 산책을 하곤 했습니다. 공원에서 기다란 벤치에 한 남자가 앉으면 다른 남자는 그 남자의 무릎을 베고 누워 남녀 연인처럼 다정하게 밀애를 속삭이던 모습이 이방인에게는 신선한 충격이었습니다. 분명 한 남자가 부인 행세를 하고 다른 남자는 남편 행세를 하는 듯한데, 역으로 부인 행세를 하던 남자가 부인도 되고 남편도 된다고 생각하니 복잡할 것 같기도 하고 편할 것 같기도 하다는 생각이 들었습니다.

다음 르포르타주는 여성 동성연애자에 대한 것이었습니다. 부잣집 맏며느리처럼 듬직해 보이는 K, Q 두 중년 여성이었습니다. 그 두 여성은 각자 이미 결혼을 했고 아이들도 각각 두 명과 세 명을 두고 있었습니다. 그들은 같은 아파트에 살고 있었는데, 어느 날 Q부인의 남편이 출장 갔을 때 일이 벌어졌습니다. 그들은 우연히 엘리베이터 안에서 눈이 마주치게 되고, 무엇인가 영감이 통하게 됩니다. 그날 Q가 K의 집에 놀러가서 둘 사이의 연애가 시작되었으며, 남편에게서 느낄 수 없었던 쾌감과 만족을 얻었다는 것입니다. 급기야 남편들과 이혼하고 살림을 차리게 된 것입니다.

필자는 이 프로그램에서 남성 동성연애자들은 남자일지라도 여성같이 보였고, 여성 동성연애자들은 여성일지라도 남자처럼 보였습니다. 아닌 게 아니라 그 레즈비언들은 목소리가 굵고 듬직하며 말이 없었고, 게이들은 여성처럼 말과 행동이 가벼웠습니다.

이성 관계에서 남자는 여자의 유혹에 끌리고, 여자는 남자의 유혹에 끌리는 것은 자연스러운 일입니다. 그런데 그렇지 않은 사람들이 엄연히 존재합니다. 어떤 사람들은 자신과 같은 성의 남자 또는 여자를 사랑의 대상으로 선택합니다. 또한 동성연애자들 중 어떤 사람은 자신을 병적으로 느끼지만 어떤 사람은 아무 고통 없이 오히려 더 편하다고 합니다. 시

기적으로는 청소년 시절에 많이 나타나지만 일정하게 고정되어 있는 것은 아닙니다.

혼히 청소년은 동성애적이라 합니다. 육체의 변화로 발모, 변성, 신체 성장, 성 충동, 발기, 사정, 월경, 유방의 발달 등이 두드러지게 변화합니다. 그런데 이런 신체의 변화와는 다르게 정신은 아직도 미숙합니다. 현재 벌어지고 있는 현실과 육체적 변화를 개념화하고 이해하는 차원에 이르지 못합니다. 급격한 신체 변화와 성 충동, 스트레스 등에 부딪쳐서 그것을 혼자 해결하기가 어렵습니다. 이때 친밀감을 제공하는 사람은 우선 같은 성의 또래 친구입니다. 그래서 단짝 친구를 추구하게 됩니다. 둘이는 동성연애 같이 관계가 깊고, 심리적으로 서로 의지하고 관여하는 정도가 깊습니다. 이 시기의 이런 관계는 지극히 정상적입니다. 그러나 그것이 동성연애는 아닙니다. 청소년을 벗어나면 이런 단짝의 동성애적 관계가 서서히 무너지게 됩니다. 만약 동성애자가 아니라면, 이성의 선택에 눈길을 돌리게 되는 법입니다. 그 언니의 경우도 그와 같은 경우라 할 수 있습니다.

어떤 측면에서 당신은 그동안 중·고등학교라는 울타리를 벗어나서 대학에 입학하여 대학생활, 즉 어른 생활을 이제 시작한 것입니다. 대학생활은 강의를 수강하고, 새로운 친구, 이성 친구를 사귀고, 동아리 활동, 아르바이트 등 다양한 삶을 체험하면서 미래의 삶을 준비하는, 건강한 어른을 갖추어 가는 준비의 시기입니다. 현대는 다양성의 시대입니다. 다양한 시대에는 다양한 일들이 일어나게 마련입니다. 물론 동성연애도 더 이상 터부의 대상이 아닙니다만, 다양한 삶을 맛보기 위해 동아리 활동이나 아르바이트, 여행 또는 학과 언니처럼 남자 친구를 사귀어 보면 어떨까요?

4

비만 공포의 여대생입니다

- 폭식증

안녕하세요? 저는 비만 공포증의 여대생입니다. 전 늘 먹는 것과 살을 빼는 것만 생각하며 삽니다. 생필품을 사러 슈퍼에 가면 그냥 나오질 못합니다. 항상 먹을 걸 사서 우적우적 먹고 있습니다. 지금도 배가 불러 잘 움직이지도 못할 정도인데, 또 뭔가를 먹고 싶은 생각이 듭니다.

저는 지방의 조그만 도시에서 자랐는데, 어머니가 저를 미워했습니다. 그런데 시험을 잘 볼 때면 저를 칭찬하고 예뻐했습니다. 초등학교, 중학교까지는 반에서 1, 2등을 했습니다. 그런데 고등학교 때는 쉽게 마음대로 되지를 않았습니다. 더구나 수능 시험 성적도 잘 안 나와서 그냥 모 대학에 다닙니다.

대학에 와서 보니 다른 여학생들은 날씬하고 세련됐는데 저는 먹기만 하니 죽을 지경입니다. 살을 빼고 싶습니다. 도저히 이러한 상태로 살다간 정말 미쳐 버릴 것 같습니다. 너무 힘듭니다. 항상 외롭고 우울하게만 살긴 싫습니다.

항상 음식을 먹지 않으면 못 견디는 사람들이 있습니다. 이들은 배가 불러 속이 거북하고 때로는 헛구역질이 날 정도로 음식을 먹습니다. 음식을 항상 먹으니까 당연히 비만에 걸립니다. 음식을 먹는 것으로 자신의 욕구 불만을 대리 만족시키는 사람입니다. 이러한 증후군을 <헛

헛중, 병적인 기아증 또는 폭식증(대식증) > 이라 합니다.

　이 증후군에 있는 사람은 약이나 다이어트를 통해 체중을 빼보려고 노력합니다. 주부나 연예인, 여대생 또는 날씬한 몸매를 필요로 하는 직업을 가진 사람들에게서 많이 볼 수 있습니다. 물론 남자들도 예외는 아닙니다. 이들은 너무 많이 먹기 때문에 배가 거북하고, 기분이 상쾌하지 못하며, 수치심에 사로잡혀 있고, 뚱뚱해지는 것을 두려워합니다. 당연히 자기의 생활이 비정상적이라고 의식하고, 신경 쇠약, 불안, 외로움, 우울, 심하면 자살까지 시도합니다. 일반 사람들이 겉으로 보는 것과는 다르게 상당히 위험한 병 증후군입니다.

　폭식증에는 여러 원인이 있지만, 정신분석학에서는 그 근원을 어머니 젖을 먹던 유아기 심리로 풀어갑니다. 아기가 어떤 마음으로 젖을 뗄까요? 젖은 생물학적 본능의 충족입니다. 그러나 아기에게 먹는 본능의 충족만이 있다면, 젖을 뗀다는 것은 생명에 대한 위험에 직면하는 것이 됩니다. 그런데 아기는 젖떼기를 받아들입니다. 젖떼기를 받아들인다는 것은 음식의 생물학적 본능보다 더 근본적인 어떤 것이 존재한다는 의미가 됩니다. 육체적으로 아무렇지도 않고 아무 병도 없는데 음식을 거부하는 음식거부증 아이의 경우처럼 말입니다. 음식거부증 아이에게 근본적인 존재는 바로 어머니의 사랑, 곧 사랑입니다. 아이가 음식을 거부한다면, 음식과 사랑의 동일시로 음식을 먹어버리면 사랑이 없어지게 되므로 사랑을 잃지 않기를 바라는 마음에서 그렇게 하는 것이겠지요.

　젖먹이 아기는 어머니 사랑을 먹는 것입니다. 아이는 차츰 음식과 어머니 사랑을 구별할 줄 알게 되고, 자연스럽게 때가 되면 어머니 사랑은 관심과 믿음, 애정, 교육 등으로 대체된다는 것을 알게 되면서 젖떼기가 이루어지는 것입니다. 이렇게 우리는 젖먹이 시절에 음식과 사랑을 동일시했습니다. 그래서 힘들 때면, 스트레스가 심할 때면, 음식이나 술, 음료수 등을 먹고 마시며 그 잃어버린 사랑을 채우려는 심리를 이해할 수 있습니다. 결국 음식의 생리적 본능은 사랑의 요구, 사랑을 부르는 호소와 다름이 없습니다. 폭식이나 음주로 끝없이 사랑을 찾는 모습을 볼 수 있습니다.

어린 시절 부모님이 당신을 사랑하지 않았다고 했습니다. 그런데 시험을 잘 보면 칭찬받고 사랑받았다고 했습니다. 그래서 부모님의 사랑을 받기 위해서 공부에 전념했겠지요. 말하자면 성적이, 공부가 사랑의 대체물이 된 것입니다. 그 의미는 공부 잘해서 일류 대학 가고, 일류 직장 갖고, 일류 남자 만나는 것이 바로 부모님의 사랑일 뿐만 아니라 만인의 사랑을 받는 것이라는 의미도 포함하는 것 같습니다. 더군다나 우리 사회가 일류를 추구하고, 여자의 외모를 중시하고, 대중 매체에 나오는 각종 연예인들을 우리 자신의 가치 기준의 척도로 생각하게 하니까 더 그렇겠지요.

그래서 무의식 속에서 일류 대학에 못 들어간 것을 사랑의 상실로 생각하는 것입니다. 지방에서 성장해서 서울 생활을 하다 보니 다른 여성, 다른 여대생과 당신을 은연중 비교했겠지요. 비교하면 자신의 초라한 모습이 몹시 싫었을 것입니다. 그래서 그 욕구 불만의 해소책으로 먹는 것을 즐기게 되었을 것입니다. 음식을 먹고 난 포만감으로 허기진 공허함, 사랑의 공허함을 채우고 싶어서이겠지요. 물론 의식적으로 이렇게 먹으면 안 되는데, 뚱뚱해지면 안 되는데라고 생각했겠지만, 무의식적으로는 마구 먹어서 허기진 사랑도 채우고, 큰 체격이 되는 것이 강하고 힘이 있는 일류가 되는 것이라고 생각하는 것입니다. 그러므로 배가 고파서 먹는 것이 아니라 사랑의 상실에 대한 보상책으로 항상 무언가를 먹는 것입니다. 일류가 되는 것이 사랑받는 것이라고 생각했으니까요.

이렇게 자신의 무의식 생각들을 잘 분석하고 이해하면서 고민인 폭식증을 풀어가야 합니다. 나의 폭식증의 원인과 그 정체들을 이해해야만 그 아픔을 극복할 수 있습니다. 어떤 면에서 인생은 우연적입니다. 우연히 길에서 옛 친구를 만납니다. '친구야 반갑다' 인사하고 그 만남의 현실을 잘 받아들여야겠지요. 지금의 현실을 받아들이고, 위선이나 겉포장을 벗고 자연스럽게 대학의 학우들을 대하면 다른 학우들도 반갑게 맞이할 겁니다. 이제 현실 속에서 내게 맞는 인생관과 가치관을 찾으셔야 합니다. 친구들을 사귀고, 책 읽고 공부하며 실력을 쌓고, 다양한 인생의 체험도 하면서 생활한다면 폭식을 해야 할 이유가 자연스럽게 사라지게 될 겁니다. 그러면 대학 생활이, 살아가는 것이 즐거울 것입니다.

성관계 후에는 오히려 슬픕니다

- 불감증과 우울

사십 대 후반의 주부입니다. 몸이 늘 개운하지 않은 데다 무겁고, 쑤시고, 아픕니다. 다른 여자들은 이렇게 우울할 때 남편과 성관계를 가지면 풀린다고 하는데, 저는 전혀 그렇지가 않습니다. 결혼해서 지금까지 불감증이었던 것 같습니다. 부부 관계에서 언제나 수동적이었고, 성관계에 대해 아무것도 몰랐습니다. 한때는 성을 굉장히 혐오하기도 했고요. 성관계 후에는 오히려 슬픈 감정이 드는데, 남편에게 드러낼 수 없습니다. 어떤 때는 아프다는 핑계를 대고 거부합니다. 성 문제에 대해 무지한 제가 답답할 뿐입니다.

부부 관계를 가져도 아무 쾌감을 느끼지 못하는 증후군이 있습니다. 흔히 불감증이라 부르는 증후군입니다. 불감증은 여러 원인에서 올 수 있습니다. 여성의 경우 어린 시절 또는 과거에 성폭행으로 인한 트라우마를 겪은 경우가 있을 수 있습니다. 어린 시절은 질의 감각에 대해 무지할 뿐더러 느끼지도 못하는 시절이고 중요한 신체에 가하는 폭행이라서 성폭행을 당하게 되면, 무서움과 공포 또는 그때의 정신심리적 충격에 대한 상흔이 무의식 깊이 잠재하게 됩니다. 어른이 되어 결혼을 하고 부부 관계를 할 때면, 그때 겪은 트라우마의 무의식이 저항을 합니다. 그래서 부부 관계를 자연스럽게 하지 못하거나 자신의 본심을 숨기게 되어, 성적 만족이나 쾌감을 모르게 됩니다. 성폭행 피해자들은 극도의 공포와 무력감에 직면함에 따라, 심하면 성 행위 자체와 남자를 혐오하게 되어 정상적인 성 생활을 못 하게 되는 경우도 있습니다. 그런데 조사에 의하면 성폭행을 당한 피해자들은 남성이 여성을 성적 노리개로 여긴다고 생각한다는 것입니다. 이 말의 숨은 의미는 우리 사회의 성에 대한 관념이 여성의 육체를 상품과 같은 노리개로 생각한다는 것입니다. 그대로라면 여자에게 성 행위는 일종의 필연적인 복종이요 굴욕이 됩니다. 여자는 정복당해야 하고, 폭행당해야 하며, 서비스를 제공해야 하는 존재라는 관념이 무의식 속에 잠재하게 됩니다.

우리 사회에 무의식적으로 깔려 있는 이런 성 관념이 성희롱과 성폭력을 발생시키며, 사회를 병들게 하고 피해자에게는 평생 씻을 수 없는 상처를 남기고 또 나아가 불감증의 원인이 됩니다. 남자는 능동적으로 여자를 행복하게 잘 이끌어야 하고, 여자는 수동적이어야 한다는 고정 관념에 얽매여 있는 여성은, 진심은 그렇지 않으면서 상대 남자가 더욱 강하게 요구하게 하기 위해 일단 거부하는 수가 있습니다. 마찬가지로 남성의 경우도 진실로 원하지 않지만, 여자가 거부해 주기를 바라는 마음에 억지로 요구하고 겁탈하게 되는 수도 있습니다. 여성이 수동적이되기를 강요받듯이, 남성은 능동적, 공격적이 되기를 강요받는 것입니다. 이런 헛된 망상 때문에 남자들은 무조건 "여자는 밀어붙여야 한다"는 허위의식을 가지고 살게 됩니다. "여자는 무조건 밀어붙여라"가 사회 제반 현상에 투영되어 "운전 중에 병목 구간을 만나면 무조건 밀어붙여라", 데모하는 사람이든 데모 막는 사람이든 "데모는 이유 불문하고 폭력으로, 물대포로 밀어붙여라", "돈 벌려면 담당 공무원에게 뇌물로 무조건 밀어붙여라", "권력을 잡으려면 돈으로, 권력으로 무조건 밀어붙여라", "집값 오른다 묻지마 투자하라", "가상화폐에 묻지마 투자하라" 등등의 허위의식이 만연하여 사회 전반을 지배하게 됩니다. 그런데 이런 병폐가 심하면 심할수록 정반대의 현상도 두드러지게 나타나게 됩니다. 즉 남들은 다 잘 밀어붙이는데, 남들은 죄짓고도 그렇게 뻔뻔스럽게 잘 사는데 나는 그러지 못한다는 심리적 자학, 심리적 열등감에 고통을 겪는 경우가 있습니다. 여자를 밀어붙여서 행복하게 해주어야 한다는 심리적인 압박감 때문에, 또 그런 사고가 무의식 속에서 늘 갈등, 투쟁하기 때문에 그의 삶은 항상 무기력과 열등감 속에서 허덕이게 됩니다. 그런 무기력이나 열등감이 심한 사람은 성관계에서 조루나 불능으로 연결될 공산이 큽니다.

우리 사회에 이런 왜곡된 성, 잘못된 성 관념의 피해가 많습니다. 그래서 당신처럼 결혼 전에는 성이 무엇인지 알지도 못했을 것입니다. 아니 알지 못하도록 강요받아 왔다고 해도 과언은 아닐 겁니다. 불행히도 성에 대한 억압적이고 수동적이며, 피동적인 심리 상태는 결혼 후에도 계속된 것 같습니다. 부부 관계에 항상 수동적이라고 하셨고, 관계 후에도 아무 느낌이 없었고, 오히려 슬픈 감정이 들었다고 하셨습니다. 그렇지만 성관계에서 남자는 상위이고 여자는 하위라는, 남자는 요구하고 여자는 피동적이 되는, 여자 입장에서는 일종의 서비스 관계라는 무의식이 지배했을 테니까, 끝까지 이런 슬픈 감정을 남편에게 감추어온 것 같습니다. 그래서 급기야 불감증으로 인한 우울 상태에 이른 것입니다. 우선 남녀 성관계에서 여자는 서비스 대상이고 수동적이어야 하고, 남자는 주인이고 능동적이어야 한다는 생각은 거짓이요, 허위라는 사실을 깨달아야 합니다. 한 예를 들어봅시다. 여기 <숙녀용>과 <신사용>이라고 문패가 붙은 두 개의 화장실이 있습니다. <숙녀용>과 <신사용>이라는 문패 때문에 우리는 이쪽은 여자 화장실이고 저쪽은 남자 화장실이라고 구별하여 사용하는 것이지, 원래부터 고정적으로 못 박혀 있는 것은 아닙니다. 문패를 바꾸면 여자 화장실은 남자 화장실이 됩니다. 마찬가지입니다. 여자는 <수동성>, 남자는 <능동성>이라는 관념도 원래부터 그랬던 것은 아닙니다. 여자는 <능동성>, 남자는 <수동성>이라고 바꿀 수도 있는 것입니다. 그러므로 성 행위는 남자를 위해서 하는 서비스라는 고정 관념을 버려야 합니다.

우울한 생활, 우울한 감정에서 벗어나는 첫걸음은 그동안의 익숙한 생활 방식으로는 문제를 해결할 수 없다는 것을 깨닫고 낡은 방식, 낡은 자기 자신을 포기하고 새로운 방식을 찾는 것입니다.

이제부터 자신의 욕망을 찾으셔야 합니다. 욕망은 인생의 힘을 주는 샘입니다. 그것은 우리가 아무 의미없이 피상적으로, 수동적으로 살아가는 삶에서 벗어나 내 자신의 내부 감정들을 재발견하게 합니다. 꾹꾹 누르기만 했던 감정들을 해방시켜주고 자유를 주고 자신의 존재감을 느끼게 합니다. 그것은 자신을 알게 할 뿐만 아니라 타인을 알게 하고 타인과 대화하고 나누고 사랑하게 합니다. 욕망은 성취의 순간에 삶의 기쁨과 희열을 주고 힘을 솟아나게 합니다. 그러므로 욕망을 감추지 말고 솔직하게 표현하고, 남편의 요구가 있으면 솔직하게 기뻐하는 마음을 표출해 보십시오. 욕망을 찾고, 관계를 나누고, 원하는 대로 부부 관계를 해보라고 말씀드리고 싶습니다.

건망증이 심해서 걱정입니다

- 건망증과 실수

사십 대 후반인 주부입니다. 건망증이 심해서 걱정입니다. 가스레인지에 찌개를 올려놓고 잠시 다른 일을 좀 하다 보면 어느새 타는 냄새가 나서 주방으로 달려가곤 합니다. 일 년에 한두 번이면 실수려니 하겠지만, 자주 발생하는 일이어서 제 자신에게 무슨 문제가 있나 의심스럽습니다. 가끔 저녁에 가족들과 이야기할 때도 그냥 멍청해질 때가 있어서 남편으로부터 〈왜 멍하냐〉는 핀잔도 듣습니다. 무슨 일에도 예전처럼 정신 집중이 잘되지 않습니다. 〈갱년기〉 증세인지도 모르지만 매사에 의욕이 없고 지루합니다. 누구와 이야기할 때도 처음에 잘 나가다가 저도 모르게 엉뚱한 화제로 빠집니다. 아이들은 제가 성질이 너무 급해서 그렇다고 지적하더군요. 제 자신이 아주 갑갑합니다.

잊는다는 것은 존재하고 있음을 의미합니다. 우리는 매일 잊으면서 살아갑니다. 우리가 겪은 모든 사건을 잊어버리지 않고 머릿속에서 매일 생각하면서 산다면 괴로워서 못 살 것입니다. 조화옹의 섭리는 아주 신기해서 적당히 잊어버리고, 적당히 기억하도록 합니다. 살다 보면 자신도 모르게 실수를 저지르는 일이 있습니다. 약속을 잊고, 가스레인지 위의 음식도 태우고, 남에게 부탁받은 것을 깜빡 잊고, 비꼬거나 건성으로 인사하는 것 등이 있습니다.

　그러면 이러한 현상은 왜 일어날까요. 대화 중에 쓸데없고 필요 없다고 판단한 생각을 말하거나 표현하려고 하다가 참았다고 합시다. 숨겨야 하고 무례하며 버릇없다고 생각되는 말 등이 있을 수 있지요. 참는 그 순간 그 생각은 잠시 억눌리게 됩니다. 그러나 그 생각이 자신의 생각인 이상 곧 바깥으로 다시 표출하려고 합니다. 한편에서는 억압하고 다른 편에서는 표출하려고 하는 갈등이 대화 속으로 침투할 때, 바로 단어의 망각이 일어납니다. 이때 우리들은 흔히 건망증이 심하다고 합니다. 말하자면 건망증은 하고 싶은 것의 참음, 억누름, 억압에서 발생한 것입니다.

　우리 몸은 이미 면역이 되어 있어서 외부에서 병원균이 침입해도 좀처럼 병에 걸리지 않습니다. 마찬가지로 인간의 심성 속에는 고통스러웠고, 공포에 놀랐으며, 아주 창피스러웠던 일 등을 잊기 위해 벌어지는 갈등과 고민의 심적 투쟁 현상이 항상 존재합니다. 이러한 충격적이고 몰염치한 사건들을 머릿속에서 멀리하기 위해 투쟁하는 과정을 바로 억압 과정 또는 억압이라고 합니다. 그런데 이 억압들은 기회가 있을 때마다 다시 밖으로 나오려 하는 어떤 정신 작용을 하게 됩니다. 한편에서는 억압하고 다른 편에서는 다시 표출하려고 하는 갈등의 표시가 망각 또는 실수입니다.

　언젠가 저를 찾았던 20대 후반의 직장 여성이 늘 집 열쇠를 잃어버려 미치겠다고 하소연하던 기억이 납니다. 그녀는 직장에서 인간관계의 어려움으로 직장 사람들과 늘 부딪쳤고, 남자 친구와의 헤어짐의 상처를 모든 남자들에게 투사하여 갈등을 일으켜서 싸움이 자주 발생했고, 이런저런 스트레스를 먹는 것으로 해소하여 폭식증에 시달렸으며 몸도 뚱뚱했습니다. 먹는 만큼 소화를 못 시켜서 늘 소화불량이나 변비에 시달렸습니다. 분석 상담이 효과를 보아 그런 증상들이 많이 줄어들고 있던 어느 날 그녀는 열쇠를 잃어버리는 건망증을 호소한 것입니다.

　필자는 분석 중에 그녀의 열쇠 망각증은 몇 가지 억압된 사고, 무의식 사고의 표출 현상임을 알았습니다. 첫째로 그녀는 혼자 살고 있는 반지하 자취방에 들어가기가 싫은 것입니다. 자취방의 바퀴벌레가 너무도 싫고 두렵다고 했습니다. 바퀴벌레에 관련된 자유연상에서 어린 시절 초등생인 그녀는 어느 농촌의 시골집에 살았습니다. 허름한 농가에서 밤이면 건너 방에서 혼자 잠자곤 했는데, 그때마다 종종 쥐들이 천장에서 소리치고 뛰고 싸우며 소녀를 긴장하고 무섭게 했습니다. 가끔 똥, 오줌을 보기도 해서 너무도 놀라고 싫었습니다. 세월이 흘러 그동안 억압했고 잊혀졌던 쥐에 관련된 심적 상처, 트라우마가 자취방의 바퀴벌레로 대치되어 집에 들어가기 싫은 마음을 열쇠를 잃어버리는 열쇠 건망증으로 표출된 것입니다. 두 번째로 그녀의 열쇠 건망증은 어느 정도 남자 친구와의 헤어짐을 받아들이고 그렇게 증오하던 마음에서 벗어나서 이젠 남친을 잊어야겠다고, 마음먹을 시기였습니다. 남친을 잊는 것, 여러 남자들과 부딪쳐 싸운 것을 잊는 것, 남성에 대한 욕망을 잊는 것 등이 남근의 상징적 형태인 열쇠로 대치되어 그녀의 열쇠 건망증이 나타난 것입니다.

마찬가지로 당신도 건망증이나 실수 행위들이 어떤 억압들, 어떤 아픔들, 어떤 무의식의 생각들에서 연유하고 있는지를 알아내는 것이 중요합니다. 오랫동안 쌓여서 해결하지 못했던 심적 상처와 상흔들이 나이 오십을 바라보는 이제 과거에 겪은 그 아픔들이 불쑥불쑥 현실 생활 속으로 나오면서 그 타협안으로 건망증과 실수들로 표출된 것입니다. 억압이, 아픔이 많으면 많을수록, 크면 클수록 건망증과 실수도 그만큼 자주 일어납니다. 사실 망각, 건망증, 말실수 등은 인간이면 누구나 겪고 있습니다. 다만 심하냐 심하지 않으냐에 따라 정상, 신경증, 치매를 구별할 수 있을 뿐 인간 개개인의 성격에 따라 구별할 성질은 아닙니다. 그러므로 우리 모두에게는 자신을 돌아보고 자신을 이해하며 자신의 마음을 치유해 가는 일이 중요합니다. 부끄럽고 증오스럽고 수치스럽다고 생각되는 과거가 있으면 남편이나 친구, 지인, 상담 선생님과 같이 이야기하며 그때의 그 사건을 분석하고 잘 이해해 보십시오. 반드시 새로운 깨달음이 있을 것입니다. 자신을 돌아보고 이해한다는 것은 자신의 묵은 때를 씻어내고 자양분을 주어 자신을 건강하게 살찌우는 일입니다.

공포증에 시달리는 〈꼬마 한스〉 사례

프로이트가 소개한 중요 사례로 공포증에 시달리는 〈꼬마 한스〉 사례를 소개한다. 이 사례는 최초로 어린아이를 대상으로 수행한 분석 상담이고, 여기서 프로이트는 슈퍼바이저 역할을 한다.

한스의 부모는 프로이트와 허물없는 친한 사이였고 정신분석의 매력에 빠졌으며 그래서 한스의 아버지는 의사로서 프로이트의 정신분석연구 모임에 정기적으로 참석하곤 했다. 아버지는 프로이트의 지도와 도움을 받으면서 여러 증상을 보이는 아들 한스를 대상으로 1906년 – 1908년(한스는 1903년 4월 출생) 사이에 심리분석 상담을 진행했다. 분석 치료가 잘 끝난 후 프로이트는 한스 아버지의 동의를 얻어 〈꼬마 한스〉라는 이름으로 사례를 출판했다.

축어록을 보면서 꼬마 한스의 사례를 살펴본다.

한스 아버지의 초기 기록에 의하면 어린 한스는 성기에 관해 호기심이 많아 보인다.

한스 : 엄마, 엄마한테도 고추가 있어?
엄마 : 그럼! 그런데 그건 왜 묻니?

외양간의 소 젖 짜는 모습을 보고, "저기 봐, 고추에서 우유가 나온다"

동물원의 사자를 보고, "나, 사자 고추를 봤다!"

기관차를 보고, "저기 봐, 기차가 오줌을 눈다. 기차 고추는 어디에 달려 있지?"

"개나 말은 고추가 있고, 책상이나 의자는 고추가 없어."

한스 : 아빠, 아빠도 고추 달려 있어?
아빠 : 그럼 있지.
한스 : 아빠가 옷 벗을 때도 난 아빠 고추를 못 봤는데.

엄마가 잠자리 들기 전에 옷 벗는 모습을 보고,
엄마 : 뭘 그렇게 보니?
한스 : 엄마도 고추가 달려 있나 보는 거야.
엄마 : 물론이지. 넌 아직 그걸 몰랐니?
한스 : 난 엄마는 크니까 말한테 달려 있는 고추만큼 큰 고추가 달렸을 걸로 생각했어.

어느 날 손으로 자기 고추를 만지다가 엄마한테 들킨다.
엄마 : 또 그런 짓을 하면 A박사님 불러서 고추를 잘라버리라고 할 거다. 그러면 너 어떻게 오줌을 눌래?
한스 : 엉덩이로 누면 되지.

한스는 이렇게 애정 생활의 관심을 고추가 있는지 없는지로 상징화하여 그것에 관심을 집중했다. 그는 모든 생명체와 사물에 고추가 있는지 없는지를 판별하려 했으며, 자신과 친밀한 생명체는 모두 고추가 있다고 생각했다. 한스는 아빠도 고추를 갖고 있는지를 알고 싶어 했고, 어른인 엄마가 고추가 없다는 것에는 엄청나게 놀라는 반응을 보인다. 엄마와의 이런 대화 장면에서는 죄책감 없는 순진한 한스의 모습이지만, 장차 거세 콤플렉스를 갖게 될 것이다. 또한 자신의 고추와 엄마, 아빠, 다른 아이의 고추를 비교해본다. 인간의 자아는 외부 세계와 비교하면서 자신을 찾아가는 법이다. 우리는 자신을 외부와 끊임없이 비교함으로써 세상을 이해한다.

이 시기에 한스 인생에 중대한 사건이 일어나는데, 이는 한스가 만 세 살 반이었을 때 여동생 한나가 출생한 것이다.

새벽 5시, 진통으로 한스의 침대를 옆방으로 옮기고, 7시에 잠에서 깬 한스는 엄마의 신음 소리를 듣고 자문자답한다.

"엄마가 왜 기침하지?"
"오늘 분명히 황새가 찾아올 거야."

의사 가방을 발견하고,
한스 : 이게 뭐지?
아빠 : 가방이지.
한스 : 오늘 황새가 찾아올 거야.

엄마가 있는 방으로 들어가서, 방에 있는 핏물 담긴 그릇을 보더니 손가락으로 가리키면서 말한다. "내 고추에서는 피가 안 나오는데."

한스 부모는 종종 아기의 탄생을 황새가 아기를 집으로 데려오는 것이라고 얘기했었기에 이런 의심의 말을 하고 있는 것이다.

한스는 갓 태어난 여동생에게 예쁘다고 말하면서도 조롱조로, "애는 아직 이빨도 안 났는걸"이라고 말했다.

며칠 후에는, "난 여동생을 갖고 싶지 않아!"

엄마를 빼앗아 간 동생에 대한 시기와 적대심의 표출이다. 6개월쯤 지나서야 동생에 대한 시기심과 우월감을 진정하고 다정한 오빠가 된다.

생후 1주일에 여동생의 목욕을 본 한스는,
"이 애 고추는 아직 쪼그매."
"앞으로 크면, 고추도 훨씬 커질거야."

한스는 고추에 대한 관심으로 가끔 고추 놀이를 즐긴다.
얼마 전부터 목재실에 들어가면서는 이렇게 말했다.
"나, 내 화장실에 들어갈래."
"아이를 만들고 있는 중이야(오줌 누는 표현)."

한스는 소변이 마려워서가 아니라, 소변놀이(자위행위)를 즐기고 있는 것이다.
만 3세 무렵부터 아이들은 자신의 성기의 성감대에 쾌감을 느낀다. 그래서 종종 고추를 만지는 등 자위행위를 즐긴다.

만 세 살 9개월 때는 열 살 가량 된 두 소녀를 소개받고는 그 여자 애들을 사모하는 눈길로 쳐다보았다.
"나의 꼬마 소녀들은 도대체 어디 있는 거지?"

"나의 꼬마 소녀들은 도대체 언제 오는 거야?"
"나의 꼬마 소녀들을 만나러 언제 또 스케이트장에 가지?"

다섯 살인 사촌 형이 놀러 왔을 때, 한스는 그를 자꾸 포옹했으며, 포옹하면서 "난 너를 사랑해"라는 말도 했다. 이는 동성애적인 모습이다.

한스가 네 살 때 이사를 갔다. 발코니에서 7, 8세 가량 된 이웃집 소녀를 발견했다. 한스는 몇 시간이고 발코니에 앉아서 그 소녀를 흠모하는 눈빛으로 바라보곤 했다. 그 소녀가 학교에서 돌아오는 시간이면 발코니에 가서 그 소녀를 보곤 했다. 그 소녀가 보이지 않으면, 마음이 심란해진 한스는 "꼬마 아가씨는 언제 와?", "꼬마 아가씨는 어디 있는 거지?"하며 집안사람들에게 떼를 썼다.
우리는 한스를 통해 멀리서 몰래 엿보기의 사랑, 관음적 사랑을 볼 수 있다. 그래서 아이에게는, 성인들도 마찬가지로 좀 더 건강하게 성장하고 건강하게 살기 위해서 또래 아이들과의 친교와 교재가 필수적이다.

마침 이사 간 그 해 여름에 한스는 휴가를 보내러 그문덴에 갔다. 그곳에서 많은 놀이 친구들을 만난다. 그들 중 한스가 제일 좋아하는 아이가 여덟 살의 여자애 프리츨이었다. 한스는 기회 있을 때마다 포옹하면서 자기 사랑을 확인하려 했고, 누가 제일 좋으냐고 물으면, "프리츨"이라고 답했다. 동시에 한스는 여자애들에게 아주 공격적이고 남성적이며 정복자적인 행동을 했다. 여자애들을 껴안고 과감히 뽀뽀를 했다. 그 중 아무 저항을 하지 않은 여자애는 다섯 살 된 베르타였다. 어느 날 베르타를 보자 한스는 목을 끌어안으며 아주 다정한 목소리로 "베르타, 넌 내 사랑이야"라고 속삭였다.
한스를 통해 우리는 대상을 선택하는 사랑, 대상애의 모습을 본다. 또한 한스의 이런 행동에서 사랑의 대상을 바꾸고 싶어 하는 인간의 욕망을 본다.

또한 한스는 자기와 놀아준 집 주인의 딸 14세의 소녀를 좋아했다.
어느 날 저녁 잠 잘 시간에 "나 그 소녀와 같이 자고 싶어"라고 했
다. "그건 안 돼!"라고 하자, "그러면 그 소녀가 엄마, 아빠와 함께 자야
되는 거야?"라고 물었다. "그것도 안 돼, 그 아이는 아이 부모와 자야
해!"라고 말하면서 다음과 같은 대화가 이루어졌다.

한스 : 나 지금 아래층에 가서 여자애랑 잘래.
엄마 : 너 정말 엄마하고 안 자고, 아래층에 가서 잘 거니?
한스 : 그래, 내일 아침 일찍 올라와서 아침도 먹고 소변도 볼게.
엄마 : 정말 엄마, 아빠하고 안 잘 거면, 윗도리하고 바지를 가지고
　　　가거라. 안녕 잘 자.
물론 한스는 아래층에 갔다가 다시 올라왔다.
한스의 부모가 한스를 잠자리에 같이 재워 왔으므로 한스는 잠자리
에의 애로틱한 감정을 갖게 된 것임을 알 수 있다. 모든 아이들에게 애
로틱한 감정의 원천은 부모님과 함께한 잠자리가 아닐까.

또한 한스는 오줌 눌 때 남의 도움 받는 것을 무척 즐겼다. 산책할
때, 오줌 마려우면 아버지는 한스가 바지 내리는 것을 도와주곤 했는데,
한스는 그런 동성애적 노출의 쾌감을 즐기곤 한 것이다. 노출적 쾌감 놀
이는 여자애들과 놀이할 때도 있었다. 여자애들이 자기의 오줌누는 일을
돕도록 하면서 성기 노출을 즐긴 것이다. 한스와 애자애들은 관음과 노
출이라는 양가감정의 쾌감을 즐기고 있던 것이다.

우리는 한스의 이런 모습과 행동들을 보면서 어린아이의 성, 그 섹
슈얼리티를 이해할 수 있다. 프로이트 이전에 사람들은 아이에게는 섹슈
얼리티가 없다고 믿었었다. 어린아이는 순수하다고 생각했고 사춘기에
야 비로소 섹슈얼리티를 발견한다고 믿었다. 그러나 우리는 한스의 경우
에서 보는 것처럼 성, 섹슈얼리티는 생식 기능인 생식기로서의 성이 아

니라는 것을 확인한다. 한스는 구순 유형과 항문 유형, 남근 유형, 요도 유형, 동성애 유형, 관음적 유형, 노출 유형, 사디즘적 유형, 마조히즘적 유형의 성, 그런 섹슈얼리티를 보이고 있다. 그래서 성, 섹슈얼리티는 다형적인 형태의 욕망의 시니피앙들이라 할 수 있다. 한스는 이런 유형의 섹슈얼리티로 애로틱하게 그의 엄마를 욕망하지만, 그의 욕망은 억압에 부딪치게 되어 공포증이라는 불안 증상으로 표출된다.

어느 날 한스가 네 살 6개월 때, 여동생의 목욕 장면을 구경하면서 웃었다.
"왜 웃니?"
"한나의 고추 때문이야."
"왜?"
"한나 고추가 너무 예뻐서."
한스는 여동생을 통해서 그동안 의심하던 생각들을 정리하고 깨닫고 결론을 내린다. 남자 성기와 여자 성기는 다르다는 것을 인정하고 그것을 긍정적으로 받아들인 것이다. "한나 고추가 너무 예쁘다"라고 대답하는 한스의 말은 그런 의미를 담고 있다고 할 수 있다.

오이디푸스를 겪는 시기에 아이들은 성기에 대한 호기심으로 남자와 여자의 차이를 이해하려고 몰두한다. 장차 꼬마 한스도 많은 시행착오의 과정을 겪으면서 남자와 여자의 차이를 인식하고 부모가 아닌 다른 대상으로 사랑의 감정을 바꿈으로써 나름 자신의 섹슈얼리티를 정리하게 된다.

이 무렵 한스 아버지는 프로이트에게 한 통의 편지를 보낸다.
한스가 **"거리에서 말이 자기를 물지도 모른다"는 두려움**에 시달리고 있고, 짜증과 신경질을 심하게 부리며 한스 엄마는 이에 대하여 과잉보호를 한다고 알린 것이다.

이야기의 시작은 1908년 한스가 네 살 9개월에 '엄마가 떠나가는 꿈'을 주제로 한다.

한스가 아침에 울면서 잠자리에서 일어났다. 왜 우느냐는 엄마의 물음에 "꿈을 꿨는데, 엄마가 떠나 버렸어. 그렇게 되면 나는 쓰다듬을 엄마가 없잖아."라고 말했다.

1월 5일경 아침에도 한스는 엄마 침대로 올라와서 엄마에게 말하기를 "아줌마가, '애 잠지가 정말 예뻐요.'"라고 했다는 것이다.

1월 7일에 한스는 하녀와 공원 산책을 하다가 갑자기 울면서 집에 가서 엄마를 만지며 있겠다고 했다.

말하자면 한스는 무언가 모를 불안에 시달리는 모습을 보인 것이다.

그래서 1월 8일 한스 엄마는 무슨 일인지 확인하기 위하여 한스를 데리고 한스가 가장 좋아하는 쉔브룬으로 직접 산책을 갔다. 한스는 그곳에서도 울기 시작했다. 엄마가 왜 그러느냐고 묻자. **"말이 나를 물까 봐 겁이 났어"**라고 말한다. 실제로 한스는 말을 보자 불안한 기색을 보였다. 그날 저녁 한스는 엄마를 만지겠다고 발작을 일으켰다. 발작이 진정되고, 한스는 울면서 **"말이 내 방으로 들어올 것 같아"**라고 말한다.

엄마는 묻는다.

"혹시 너 손으로 고추 만지는 거 아니니?"

"응, 매일 밤 잠자리에 들면 고추를 만져."

엄마는 한스에게 손으로 고추를 만지지 말라고 주의했다.

앞에서 우리는 한스가 세 살 6개월 때도 같은 주의를 받은 것을 알고 있다. 박사님을 불러 고추를 잘라 버리겠다는 엄마의 위협에 엉덩이로 누면 된다고 말했었다. 한스의 거세 위협의 반응이 1년 3개월이 지난 후에 거세 불안으로 나타난 것이다. 어린 시절에 받은 트라우마, 훈계, 위협 등이 나중에 나타나는 경우들이 많다. 정신분석에서는 그것을 사후작용이라 부른다. 정신심리적 삶의 시간성과 그것의 원인 관계를 말하는 것으로 기억과 트라우마의 아픔들이나 자취들, 흔적들은 사건을 체험한 후 무의식에 등록되어 저장되어 있다가 시간적으로 나중에 나타나게 된다. 때로는 그렇게 억압했던 재현들이 수십 년 지난 후에 나타나기도 한다.

아이의 심리 상태를 잘 이해하지 못하고 던진 '고추 만지지 말라'는 엄마의 경고는 한스의 마음을 더 복잡하게 했고 거세 콤플렉스에 시달리게 한 것 같다. 여자들은 정말 고추가 없을까? 그렇다면 누가 고추를 잘랐을까?

27일 한밤중에 한스는 자다 말고 두려워서 벌떡 일어나 부모 침대로 들어왔다. 다음 날 아침 한스에게 물었다.

한스 : 어젯밤에 기린 두 마리가 내 방에 들어왔어. 하나는 키가 컸고, 다른 하나는 구겨진 모습이었어. 내가 구겨진 놈을 빼앗자 큰 놈이 소리치며 울부짖기 시작했어. 소리가 그쳐서 난 그 구겨진 놈 위에 올라탔어.

아버지 : 뭐? 구겨진 기린? 그게 어떻게 생겼는데?

한스 : 응(종이를 들고 구기면서), 바로 이렇게 생겼어.

아버지 : 그래, 네가 그 구겨진 기린 위에 올라탔다고? 어떻게?

(한스는 방바닥에 앉으면서 그 모양을 보였다)

아버지 : 그런데 너는 왜 우리 방으로 들어왔니?

한스 : 그건 나도 몰라.

아버지 : 무서워서 그랬니?

한스 : 그건 절대 아니야.

아버지 : 기린들 꿈을 꾼 거니?

한스 : 아니, 꿈을 꾼 게 아니야. 그냥 생각한 거야. 그건 모두 생각한 거야. 그 전부터 침대에 앉아 있었는걸.

… … …

아버지 : 너는 구겨진 놈을 어떻게 했니?

한스 : 난 그 놈을 잠시 손에 들고 있었어. 큰 놈이 울부짖는 일을 멈출 때까지 말야. 그리고 큰 놈이 울부짖기를 멈추었을 때, 나는 구겨진 놈 위에 올라탔어.

아버지 : 그런데 큰 놈은 왜 그렇게 울부짖었지?

한스 : 내가 그놈에게서 작은 기린을 빼앗았기 때문이지.

결국 아버지는 한스와 대화를 하면서 한스의 기린 이야기의 의미를 풀어갔다.

큰 기린은 아버지의 큰 페니스의 상징이다. 구겨진 기린은 엄마 성기의 상징이다. 한스의 기린 환타즘에서 구겨진 기린 위에 앉는 것은 엄마에 대한 욕망, 엄마의 소유를 말하고, 아버지가 금지하는 것에 대한 도전에 만족하는 심리의 표상이며 아버지 성기와 비교하여 자기 것이 더 작다는 것을 감추려는 의도를 갖고 있는 것이다. 금지에 대한 도전과 침대의 무단 침입은 아버지에게서 엄마를 빼앗기기 싫어하는 한스의 갈등 심리를 나타낸다고 할 수 있다. 한스는 그렇게 남녀의 성 차이를 이해하고 근친상간 금지와 욕망을 상징적으로 표현할 수 있었다. 물론 간단하게 축어록으로 요약되어 표현했지만, 당시 한스의 가정에서 거의 아침마다 한스가 부모 침대로 오면서 벌어진 광경이다. 그때마다 아버지는 아이를 침대에 끌어들이지 말라고 했고, 어머니는 쓸데없는 소리라고 잠깐 동안 같이 있는 것은 아무 상관없다며 미묘한 갈등 상황이 벌어지곤 했던 것이다.

3월 29일, 일요일, 아버지는 한스를 데리고 라인츠로 간다. 아버지는 엄마에게 농담을 던지며 말한다.

"잘 있어, 큰 기린."

한스가 묻는다.

"왜 기린이야?"

아버지는 답한다.

"엄마는 큰 기린이잖아."

한스는 말한다.

"맞아, 그리고 나는 구겨진 기린이지…."

그렇게 아버지는 한스의 기린 환상 이야기를 우회적으로 이야기하고, 한스도 그것을 알아차리고 구겨진 기린을 동생 한나로 대체해서 비유하는 지혜로운 모습이다.

4월 2일, 한스의 증상이 현저히 호전되었다. 집 밖을 나가려 하지 않았고 말들을 피해 도망갔지만, 이제 집 밖에서 머무를 수 있게 되었고 말들이 지나가도 피하지 않고 서 있을 수 있게 되었다.

4월 3일, 그동안 한스가 아침에 침대에 오지 않다가 침대에 왔다.

아버지 : 오늘은 어쩐 일이니?

한스 : 무섭지 않으면, 안 올 거야.

아버지 : 그럼, 무서워서 온 거니?

한스 : 아빠가 옆에 없으면, 난 무서워. 아빠 침대에 같이 있지 않으면 무섭다고. 무섭지 않으면, 안 올거야.

아버지 : 그러니까 넌 나를 좋아하고 있구나? 아침에 네 침대에서 혼자 있으면 무서워서 나에게 오는 거지?

한스 : 응, 그런데 아빠가 그랬지, 내가 엄마를 사랑하기 때문에 내가 아빠를 사랑하려고 하면 무서움을 느끼는 거라고. 왜 그런 말을 한 거야?

한스는 오이디푸스적 감정, 즉 어머니에 대한 욕망으로 인해 아버지에 대한 적대감과 충돌을 겪고 있음을 표현하고 있다. 한스의 감정은 엄마를 좋아하고 엄마를 차지하고 싶어서 아버지가 없어지기를 바랐다. 아버지에 대한 적대감이 이번에는 아버지에 대한 걱정으로 바뀌었다. 혹시 한스가 아빠를 못살게 굴어서 아버지가 나가버리면 어떻게 하나 하는 걱정이다. 그래서 아버지가 정말 사라졌는지 확인하기 위하여 아침 일찍 아빠 침대에 온 것이다. 한스가 겪는 두려움의 이중성, 아버지에 대한 적대감과 동시에 아버지에 대한 사랑이라는 양가감정을 확인한다. 다소의 정도 차이는 있지만 사랑과 미움의 양가감정은 인간이면 누구나 겪는다.

실제로 한스 아버지는 직업상 여러 번 집을 떠나곤 했다. 그때 한스는 막연한 불안의 두려움을 갖곤 했는데, 그런 불안의 두려움은 바로 집 앞에 보이는 마차의 말들이 떠나가기 시작하면 가장 큰 무서움으로 표출되었다.

4월 5일 오후, 아버지는 한스와 대화한다.

아버지 : 그런데 넌 어떤 말이 가장 무섭니?

한스 : 모든 말이 다 무서워.

아버지 : 거짓말이지.

한스 : 사실 말들 중에 입에 무언가 단 말이 가장 무서워.

아버지 : 그게 뭔데, 입에 달고 있는 것이 쇠니?

한스 : 아니, 그 말은 입가에 뭐가 시커먼 걸 달고 있어.

… … …

한스 : 가구 운반용 마차도 무서워.

아버지 : 왜?

한스 : 말들이 무거운 가구 운반 마차를 끌다가 꼭 쓰러질 것 같아서 그래.

아버지 : 너는 조그만 마차는 무서워하지 않는구나?

한스 : 응, 난 조그만 마차나 우편 마차 따위는 무섭지 않아. 승합
　　　 마차가 오면 나는 무서워.

아버지 : 왜, 승합 마차가 크기 때문에 그러니?

한스 : 아니, 예전에 그런 승합 마차를 끌던 말이 쓰러지는 것을 본
　　　 적이 있거든.

… … …

아버지 : 원래 말이 너를 물지도 모른다고 했는데, 지금 넌 말이 쓰
　　　　 러질까 봐 무섭다고 말하고 있어.

한스 : 쓰러지고 물 것 같애.

아버지 : 그런데 왜 그렇게 놀랐니?

한스 : 말이 두 발로 이렇게 했거든(그는 바닥에 눕더니 아버지에게 두
　　　 발을 마구 버둥거리는 모습을 흉내 냈다). 그래서 난 놀란 거야.

원래 한스는 말에 대한 두려움이 없었다. 한스에게 말은 다른 동물
들 보다 더 많은 흥미를 주었고, 말과 관련된 놀이를 가장 즐겨했다. 그
러므로 말 자체가 두려운 것이 아니라, 말과 아버지의 동일시로 인한 거
세 불안의 두려움이 한스의 말 공포증을 낳게 한 것이다.

한스는 좀 더 구체적으로 무는 말에 대한 두려움뿐만 아니라 말이
쓰러질까 봐 두렵고, 짐 부리는 말이 떠나려 할 때, 덩치가 큰 말, 짐 나
르는 짐마차의 말, 빨리 달리는 말, 농사용 말이 무섭다고 했다. 이는 불
안에 의한 공포증이 말과 연관된 전이로 볼 수 있다.

말과 연관된 한스의 전이 감정에는 우선 집 앞의 거리에서 말놀이 하
는 아이들처럼 마차의 짐들, 수하물들, 나무통과 상자들 등 말과 마차와
관련된 놀이를 하고 싶은 욕망으로 이해할 수 있다. 다음으로 엄마와 산책
나갔다가 승합 마차를 끄는 말이 넘어져서 두 발을 버둥치는 장면을 목격
한다. 그 장면이 한스에게 충격이었고 말이 죽었다고 생각했다. 그때부터
모든 말이 쓰러질 수 있다고 생각했다. 그래서 아버지가 말처럼 쓰러져 죽
었으면 하고 생각했을 것이다. 실제로 한스는 이런 생각을 얘기한다.

4월 21일 두 마리 말이 끄는 마차가 다가오는 것을 보고 황급히 집 안으로 뛰어 들어왔다. 아빠가 왜 그러느냐고 물었다.

한나 : 말들이 너무 거만하게 겁을 주었어. 그러다가 그 말들이 쓰러지지 않을까 겁이 났어.

(마부가 고삐를 꽉 움켜잡고 있기 때문에 말들은 머리를 높이 쳐든 채 짧은 걸음을 걸었다. 그렇기 때문에 말들이 정말로 거만해 보였다.) 아버지는 실제로 누가 그렇게 거만한지 물었다.

한스 : 그건 아빠야, 내가 엄마 침대로 갈 때마다 그래.

아버지 : 그래서 너는 내가 쓰러졌으면 좋겠지?

한스 : 그래, 아빠가 맨발로 뛰어가다가(예전의 프리츨을 생각한다.) 돌부리에 걸려서 넘어져서 피를 흘렸으면 좋겠어. 그러면 내가 엄마하고 단둘이서 잠깐이라도 있을 수 있을 테니까. 아빠가 집에 돌아와 위층으로 올라오는 소리가 들리면 그때 얼른 엄마 침대에서 도망치면 되지. 아빠가 보지 못하도록.

아버지 : 예전에 누가 돌부리에 걸렸는지 기억나니?

한스 : 응, 프리츨이야.

아버지 : 프리츨이 넘어졌을 때, 너는 무슨 생각을 했니?

한스 : 아빠가 돌부리에 넘어지는 거.

한스의 공포증은 그렇게 말이 물지도 모른다는 두려움의 내면에 말이 쓰러질지도 모른다는 깊은 불안이 내재하여 나타난다. 말과 아버지의 동일시를 통해서 무는 말과 쓰러지는 말은 아버지의 상징적 대체가 된 것이다. 아버지가 한스의 잘못된 소망, 근친상간 욕망을 벌하기 위해 무는 말과 쓰러진 말로 표상화되어 나타난 것이다. 입가에 시커먼 것을 달고 있는 말은 아버지의 수염을 상징한다.

4월 9일, 아침 일찍 찾아와 아버지와 대화한다.

한스 : 아빠, 아빠 정말 멋져, 너무 하얘!

아버지 : 그래. 꼭 흰 말 같지.

한스 : 꼭 한 군데 수염만 시커멓고. 그건 시커먼 입마개 같다고 할
       수도 있지?

… … …

아버지 : 내가 교수님한테 언제 네가 두 발을 '마구 발버둥치는지'를
       알아냈다고 말했어.

한스 : 아, 그거 내가 골 부릴 때나, 놀고 싶은데 '똥'을 누어야 할
       때 그러지.

(한스는 화가 나면 두 발을 마구 버둥거리는 버릇이 있었다. 즉 발
을 동동 굴렀다. 그가 하는 <Lumpf machen>이라는 말은 <똥을 누
러 간다>는 뜻이다. … 한스는 더 어릴 때 요강에 앉히려고 하면 하던
놀이를 끝까지 하겠다고 우기면서 화가 나서 두 발로 방바닥을 차면서
버둥거렸고 때로는 방바닥에 뒹굴기도 하였다.)

아버지 : 너는 우리가 놀던 놀이를 중단시키고 똥을 누라고 하면 하
       기 싫어서 마구 두 발을 버둥댔지.

한스 : 아빠, 나가서 오줌 눌래. (그렇게 말하고 방에서 나갔다.)

어느 날 아빠는 애들의 말 놀이에 대해 묻는다.

아빠 : 너 그문센에 있을 때 다른 애들과 말타는 놀이를 했었니?

한스 : 웅! (생각에 잠기더니) 내 생각으로 그때 그 멍청한 것(공포
      증의 표현)이 시작된 것 같아.

아버지 : 누가 말이었니?

한스 : 내가 말이었어, 그리고 베르타는 마부였어.

… … …

아버지 : 승합 마차 놀이는 하지 않았니?

한스 : 했어. 일반 마차 놀이도 했고, 마차가 딸리지 않은 말 놀이도

했어. 말에 마차가 딸려 있으면, 마차를 떼놓고 갈 수도 있
어. 집에다 두고서.

아버지 : 그러니까 너희들은 자주 말 놀이를 했다는 말이네.

한스 : 아주 자주했어. 프리츨도 한 번 말 역할을 한 적이 있어. 그
리고 프란츨은 마부 역할을 했어. 그런데 프리츨이 너무 세게
달리다가 갑자기 돌에 걸려서 넘어져 피를 흘린 적이 있어. 그
아이는 발을 물에 집어넣었다가, 그곳을 헝겊으로 묶었어.

말이 쓰러져 버둥거리는 모습과 한스의 버둥거리는 모습을 통해서
한스의 아버지 동일시를 이해할 수 있다. 또한 한스의 가장 절친한 놀이
친구이자 여자애들의 관심 끌기에서 경쟁자인 프리츨이 말 놀이를 하다
가 돌부리에 넘어져 피가 났다. 사랑 쟁취의 경쟁 상대자이자 친한 친구
가 넘어져 피 흘리는 광경도 오버랩된다. 한스의 이런 무의식의 억압된
충동들은 아버지로 대치된 말이 쓰러질까 두려워하는 불안, 즉 응축(압
축)과 전치의 메커니즘으로 재현된다. 나아가 그것은 어머니의 출산 장
면과도 겹치게 된다.

어느 날 한스는 엄마가 장에 가서 산 물건들을 아버지에게 보여주
는 중에 여자용 노란색 속옷 바지를 보자, <퉤, 퉤> 하고 바닥에서 뒹
굴면서 침을 뱉었다. 전에도 속바지를 보고 그런 적 있다고 엄마는 말
했다.

아버지 : 왜 퉤퉤 하면서 침을 뱉니?

한스 : 속바지 때문에.

아버지 : 왜? 색상 때문에 그러니? 노란색이라 고추나 똥이 생각나서?

한스 : 똥은 노란색이 아냐. 똥은 희거나 검거든. 아빠, 치즈를 먹으
면 똥이 잘 나와? (언젠가 아버지는 왜 치즈를 먹느냐고 묻
는 말에 치즈 먹으면 변이 잘 나온다고 말해준 적이 있었다.)

아버지 : 그럼.

한스 : 그래서 아빠는 잠자리에서 일어나자마자 똥을 눌 수 있나 보구나? 나도 버터 빵에다 치즈를 끼워서 먹어야지.

··· ··· ···

아버지 : 그런데 왜 너는 뭬! 라고 말했니? 헛구역질이 나서 그랬니?

한스 : 그래. 그것을 보았기 때문에 그래. 그것을 보면 똥을 누어야 한다는 생각이 들거든.

아버지 : 너 언제 검정색 속바지를 보았니?

한스 : 예전에 안나(가정부)가 우리 집에 있었을 때, 엄마한테서. 엄마가 그 검정색 속바지를 시장에서 막 사 가지고 온 적이 있어.

아버지 : 그때도 구역질이 났니?

한스 : 응.

··· ··· ···

아버지 : 너 엄마 속바지를 보고 구역질했니?

한스 : 검정색 속바지를 보았을 때만 그래. 엄마가 사 온 그 검정 속바지 말야. 그걸 보면 침을 뱉게 돼. 하지만 엄마가 속바지를 입거나 벗을 때는 침을 뱉지 않아. 내가 침을 뱉는 이유는 검정 속바지는 똥처럼 검은 색이고 노란 속바지는 오줌 같은 색깔이기 때문이야. 그리고 그런 것을 보고 있으면 오줌이 자꾸 마렵거든. 엄마가 속바지를 입고 있으면, 나는 속바지를 볼 수 없어. 엄마는 그 위에다 겉옷을 입고 있거든.

아버지 : 그러면 엄마가 겉옷을 벗으면?

한스 : 그래도 나는 침을 뱉지 않아. 그러나 엄마 속바지가 새것이면, 그것은 꼭 똥처럼 보여···.

아버지 : 너 엄마하고 화장실에 자주 갔니?

한스 : 아주 자주 갔어.

아버지 : 그때 구역질 났니?

한스 : 응······ 아니!

아버지 : 너는 엄마가 오줌이나 똥을 눌 때 같이 있는 것이 좋니?

한스 : 음, 무척 좋아.

아버지 : 왜 그렇게 좋니?

한스 : 그건 모르겠어.

아버지 : 엄마 고추를 볼 수 있다고 생각하기 때문 아니니?

한스 : 맞아, 나도 그렇게 생각해.

4월 12일. 기차 타고 집으로 오는 길에 열차 좌석의 검정색 가죽 쿠션을 보고 말한다.

한스 : 퉤! 구역질 나. 검정 속바지나 검은 말을 봐도 그래. 그런 걸 보면 자꾸 똥이 마렵거든.

아버지 : 너 혹시 엄마 몸에서 시커먼 것을 보고 놀란 적 없니?

한스 : 있어!

아버지 : 그게 뭔데.

한스 : 모르겠어. 검정 블라우스 아니면 검정 양말일 거야.

아버지 : 네가 호기심에서 본 것은 아마도 엄마의 고추 주변에 난 시커먼 털일 거야.

한스 : (겸연쩍은 표정을 지으면서) 그건 그렇지만 엄마 고추는 못 봤어.

마차 한 대가 대문에서 빠져 나오는 광경을 보고 한스가 무서워했을 때 아빠는 다음과 같이 물었다.

아버지 : 저 문이 혹시 엉덩이처럼 보이지 않니?

한스 : 그러면 말들은 똥이겠네!

그 뒤부터 대문에서 마차가 나오는 것을 볼 때마다, "저것 좀 봐 <똥 덩어리>가 나온다"고 했다.

이제 한스는 <배설 콤플렉스>, <배설 환타즘>에 집착하면서 검정색 속바지와 노란색 속바지, 검정색 시트 등 대변 보는 것을 연상시키는 모든 것들에 대면하여 구역질을 시작했다. 한스는 엄마가 화장실에 일 보러 가는 것을 떼를 써서 따라갔고, 당시 엄마의 상징적 대리인인 여자 친구 베르타가 화장실 갈 때도 막무가내로 따라갔다. 사랑하는 사람이 화장실 용변 보는 것을 구경하는 쾌감, 항문 단계의 배설 쾌감과 그걸 엿보는 관음적 쾌감을 우리는 여기서 다시 만난다. 짐을 잔뜩 실은 마차와 대변이 가득 찬 몸의 유사성을 주목하지 않을 수 없다. 마차가 대문 밖으로 나오는 것과 대변이 몸 밖으로 나오는 것이 한스에게는 흡사한 것이다. 그래서 한스는 마차가 대문에서 나오는 것을 <똥 덩어리>가 나온다고 신 나게 외쳤던 것이다.

그것은 또한 여동생의 출산을 상징적으로 나타내는 표현이기도 하다. 여동생 한나는 똥처럼 세상에 나온 것이다. 가구 운반 마차, 승합 마차, 짐 마차 등은 상자를 운반하는 마차를 의미하고 그것은 임신의 상징적 재현이다. 짐 마차의 말들이 쓰러져 발버둥치는 모습은 분만을 의미하고, 쓰러진 말은 아버지를 상징할 뿐만 아니라 여동생을 출산하는 어머니도 상징한다고 볼 수 있다. 그뿐만 아니라 한스는 이미 엄마의 임신을 알고 있었으며 분만이 있은 후 여동생이 나온다는 사실을 인지하고 있었다. 여동생 한나는 태어나기 전부터 한스 가족과 함께 그문덴에 있었고, 가족 여행을 함께했다고 하면서 부모가 이해하지 못하게 당시의 상황을 엉뚱하게 상상적으로 꾸며 부모를 헷갈리게 한 것이다. 아마도 황새가 여동생을 데려왔다는 엉뚱한 얘기로 자기를 지속적으로 속인 부모에 대한 복수심으로, 이번에는 부모가 이해하지 못하는 황당한 얘기로 부모를 헷갈리게 한 것이다. 이어 그런 복수심은 말들을 놀리고 두들겨 패는 환타즘으로 더욱 입증된다.

한스는 또한 고무 인형의 둥근 홈에다 엄마 소유의 작은 주머니 칼을 꽂았다가, 고무 인형의 두 다리를 양쪽으로 잡아당겨 칼을 다시 밑으로 떨어뜨렸다. 한스가 엄마의 몸 속에서 크다가 마치 똥처럼 바깥으로 나오는 장면의 환타즘이다.

한스 : 아빠는 한나가 어떻게 이 세상에 나왔는지 기억해? 엄마와
       함께 침대에 누워 있는 한나의 모습이 너무 귀엽고 예뻐.
집의 문간방에 상자가 있었는데 그것을 보자 한스는 다음과 같이
말한다.

한스 : 그문덴에 갈 때마다 우리는 한나도 저렇게 생긴 상자에 담아
       서 갔어. 내 말을 또 못 믿겠어? 정말이야, 아빠 내 말을 믿
       어 봐. 우리는 큰 상자를 하나 구했는데, 그 안에는 아이들이
       바글바글했어. 아이들은 욕조 안에 앉아 있었어. 나는 아이
       들을 욕조 속에다 집어넣었지. 이건 정말이야. 나는 지금도
       뚜렷이 기억할 수 있어.

                    … … …

아버지 : 혹시 엄마가 상자를 갖고 있지 않았니?

한스 : 맞아, 엄마는 상자를 갖고 있었어.

아버지 : 도대체 어디에?

한스 : 집 다락방에.

아버지 : 혹시 엄마가 그것을 몸에 지니고 다녔니?

한스 : 아니, 이번에 우리가 그문덴에 간다면, 한나를 상자에 담아
       서 데리고 갈 거야.

아버지 : 그런데 한나는 어떻게 상자에서 밖으로 나왔지?

한스 : 끄집어냈지.

                    … … …

한스 : 한나는 커다란 상자에 실려서 그문덴으로 갔어. 엄마는 열차
       칸막이 석에 앉아 갔고, 한나는 상자와 함께 화물칸에 실려
       갔지….

아버지 : 작년에 이미 한나가 태어났니? (그때 엄마는 임신 5개월이
        었다.)

한스 : 작년에 한나는 마차를 타고 갔어. 하지만 1년 전에 한나가
       이 세상에 우리와 함께 있었을 때는….

아버지 : 한나가 그때 벌써 우리와 함께 있었니?

한스 : 응, 아빠는 나하고 자주 보트 타러 갔잖아. 그리고 안나(가정부)
　　　　가 우리 시중을 들었고.

아버지 : 그건 작년의 일이 아니란다. 그땐 한나가 아직 이 세상에
　　　　태어나지 않았어.

한스 : 아냐, 그때 벌써 한나는 세상에 있었어. 상자에 실려 다닐 때
　　　　에도 이미 한나는 뛰어다니고 또 <안나>라고 말할 줄도
　　　　알았어.

　　　　　　　　　… … …

한스 : 저쪽에 말들이 서 있는 걸 보고 내가 가서 말들을 괴롭혀,
　　　　말들이 땅에 엎어져 두 발을 버둥거릴까 봐 겁이 나.

아버지 : 어떻게 말들을 괴롭히니?

한스 : 욕을 퍼붓고 "이랴! 이랴!"하면서, 말들을 괴롭히는 거야.

(마부가 채찍으로 말을 때리며 "이랴! 이랴!" 할 때마다 한스는 엄
청난 두려움을 느끼곤 했다.)

아버지 : 말들을 괴롭히는 게 재미있니?

한스 : 그럼, 아주 재미있어.

아버지 : 말들을 채찍으로 때려 보고 싶니?

한스 : 응.

아버지 : 엄마가 한나 엉덩이를 때릴 때처럼 말들을 때리고 싶니?
　　　　너도 그걸 좋아하지.

한스 : 말들은 맞아도 괜찮아. 나도 한 번 직접 그렇게 해본 적 있
　　　　어. 나도 언젠가 채찍을 들고 말을 호되게 때렸어. 그러자
　　　　말은 땅바닥에 엎어져 두 발로 발버둥쳤어.

　　　　　　　　　… … …

아버지 : 그런데 도대체 너는 누구를 때리고 싶니? 엄마니? 한나니?
　　　　아니면 아빠니?

한스 : 엄마야.

아버지 : 왜?

한스 : 나는 엄마를 꼭 때리고 싶어.

… … …

아버지 : 너 오늘 인형을 가지고 어떻게 놀았니?

한스 : 난 인형의 두 다리를 찢어 놓았어. 왜 그랬는지 알아? 인형 안에 엄마 칼이 들어갔기 때문이야. 내가 그 칼을 삑삑거리는 단추가 달린 쪽으로 집어넣었던 거지. 그다음 나는 인형의 두 다리를 양쪽으로 찢었어. 그러자 칼이 아래쪽으로 빠져나왔어.

4월 11일, 물에 빠지는 무서움을 얘기한다.

아버지는 무엇 때문에 무서운지에 대해서 묻는다.

한스 : 물에 빠지는 거.

아버지 : 그러면 예전에 조그만 욕조에서 목욕할 때는 왜 조금도 무서워하지 않았니?

한스 : 그땐 앉아서 목욕했어. 욕조가 너무 작아서 누울 수가 없었거든.

아버지 : 그문덴에서 보트 탈 때, 너 물에 빠질까 봐 무섭지 않았니?

한스 : 꼭 붙잡고 있었기 때문에 물에 빠질 염려가 없었어. 나는 큰 욕조 속에서만 물에 빠질까 봐 무서워해.

아버지 : 욕조에서 목욕시켜 준 사람이 엄마인데, 그러면 너는 엄마가 너를 물 속에 빠뜨릴까 봐 무서웠니?

한스 : 엄마가 갑자기 내 몸에서 손을 떼면, 내가 물속으로 빠질까 봐 무서워.

아버지 : 엄마가 너를 사랑하고 있다는 걸 너도 알고 있잖아. 엄마는 절대 네 몸에서 손을 놓지 않을 거야.

한스 : 난 엄마가 꼭 그럴 것만 같았어.

아버지 : 왜?

한스 : 그건 정말 모르겠어.

아버지 : 혹시 너, 네가 엄마 말을 잘 안 들으니까 엄마가 이제 너를 싫어할 거라고 생각한 거 아니니?

한스 : 맞아!

아버지 : 그리고 너 엄마가 한나를 목욕시키는 것을 보면서 엄마가 손을 놓아버려 한나가 물 속으로 빠졌으면 하고 바랐지?

한스 : 응.

한스는 물에 빠질까 두려워했다. 그것은 엄마가 자기를 커다란 욕조에 집어넣고서 목욕시키는 것을 두려워한 것에서 연유하는데, 그 이유는 여동생 한나의 목욕 장면을 지켜보면서 발생한 것이다. 그때 한스는 엄마가 여동생 한나를 목욕시키다가 물속에 빠트려 죽게 했으면 좋겠다는 소망을 가졌기 때문이다. 이와 같이 한스의 목욕 두려움, 물에 빠질까 하는 두려움은 자신의 이런 나쁜 소망, 나쁜 생각을 품은 것에 대한 벌을 받을지도 모른다는 것에서 연유한다.

한스가 얘기한 또 하나의 환타즘은 두 번에 걸친 설비공 이야기이다.

<첫 번째 이야기>

한스 : 아빠, 나 뭐 생각한 게 있어. 내가 욕조에 있는데 설비공 아저씨가 들어와서 욕조의 나사를 풀었어. 그다음 그는 커다란 드릴을 집어 들더니 그걸로 내 배를 찔렀어.

<두 번째 이야기>

한스 : 아빠, 나 오늘 아침에 무언가를 생각했어. 설비공이 와서 집게로 먼저 내 엉덩이를 떼어 내고서 다른 것을 달아 주었어. 그다음에는 내 고추를 떼어 내고 다른 고추를 달아 주었어. 설비공은 이렇게 말했어. '어디 엉덩이 좀 보자.' 나는 그를 위해 몸을 돌렸어. 그러자 그는 내

엉덩이를 떼어 갔어. 그러고 나서 그는 또 이렇게 말했어. '어디 고추 좀 보자.'

　　아버지 : 그 사람이 너한테 엄청나게 큰 고추와 엄청나게 큰 엉덩이
　　　　　　를 달아 주었다고?

　　한스 : 응.

　　아버지 : 아빠 것만큼 큰 거지? 네가 아빠가 되고 싶으니까.

　　한스 : 응. 아빠 것 같은 수염도 갖고 싶어. 그런 털도.

　　첫 번째 이야기는 설비공이 들어와서 자기가 앉아 있는 욕조의 나사를 뺀 다음 커다란 드릴로 한스의 배를 쿡 찔렀다는 것이다. 이는 출산 환상의 불안을 말하고 있다. 물이 담긴 커다란 욕조는 어머니의 배, 자궁이었고, 드릴은 아빠의 고추를 의미하는 것 같다. 아마도 한스는 아빠가 아빠의 큰 고추로 나를 뚫었고, 즉 나를 잉태시켰고 그렇게 나를 엄마의 배(자궁)에다 집어넣었다는 뜻으로 볼 수 있다.

　　시간상 나중인 두 번째 설비공 이야기에 오면 출산의 불안과 거세 불안을 극복하는 환타즘이 등장한다. 커다란 욕조는 임신한 배를 상징하고 드릴이나 드라이버는 고추를 의미한다고 볼 때, 임신 출산의 불안을 말끔히 새로 교체하고(＝내 엉덩이를 새로운 엉덩이로 달아 주었다) 거세 불안을 극복해 가는(＝다른 고추를 달아 주었다) 한스의 모습을 발견할 수 있다.

　　바야흐로 임신과 출산, 남녀의 차이, 거세 불안에 직면한 한스의 오이디푸스 콤플렉스는 다음의 대화에서 그 결말에 다다른다.

　　아버지 : 얘야. 너의 아이들은 아직도 살아 있니? 남자 아이는 아기
　　　　　　를 가질 수 없다는 사실을 너는 잘 알고 있을 텐데.

　　한스 : 그건 나도 알아. 예전에는 내가 그 아이들의 엄마였는데, 이
　　　　　　제는 나는 그 아이들의 아빠야.

　　아버지 : 그러면 그 아이들의 엄마는 누구니?

한스 : 그건 엄마야. 그리고 아빠는 그 아이들의 할아버지이고.

아버지 : 그러고 보니 너는 아빠처럼 커지고 싶고, 또 엄마와 결혼하고 싶어 하는 거구나. 그러면 엄마가 아이들을 갖겠지.

한스 : 그래, 그렇게 하고 싶어. 그러면 나의 라인츠 할머니는 그 아이들의 할머니가 되는 거야.

꼬마 오이디푸스인 한스는 아버지를 제거하는 대신 자기가 원하는 것과 똑같은 행복을 아빠에게도 허락했다. 아버지를 친할아버지로 대체하여 아버지를 친할머니와 결혼하게 한 것이다. 자신이 엄마와 결혼하는 것과 똑같이 아버지도 아버지의 엄마와 결혼시키는 환타즘을 고안한 것이다. 이런 환타즘으로 꼬마 한스는 오이디푸스 콤플렉스, 거세 콤플렉스를 말하고 이해하며 그것에서 벗어나게 된다. 한스는 근친상간 금지를 받아들이고 그것을 환타즘으로 대체하면서 자신을 아버지와 동일시한 것이다. 한스의 아버지 동일시는 남성 성기와의 동일시이고 그것은 남성으로서의 정체성을 의미한다. 한스가 겪어야만 했던 오이디푸스의 갈등과 위기, 거세 공포증은 유익했고 건설적인 것이었다. 자신의 한계를 받아들이고 자신의 자리를 알게 되었기 때문이다. 한스의 공포증은 치유되었고 부모의 이혼에도 불구하고 잘 자랐으며, 후에는 당대의 유명한 오페라 감독으로 활동했고 60여 개가 넘는 작품을 연출하였다. 나중에 그의 본명이 밝혀졌는데, 그라프 헤르베르트(Graf Herbert, 1903 – 1973) 오스트리아 오페라 감독이 바로 꼬마 한스였다.

이제 우리는 꼬마 한스의 불안 공포증의 사례를 간략히 정리한다. 1903년 태생으로 한스는 교양 있고 가문 좋은 집에서 태어나 예절 바르게 자란다. 그의 아버지는 정신분석에 관심이 있어서 프로이트의 정신 분석 연구 모임에 정기적으로 참석하곤 했다. 따뜻하고 아름다운 한스의 어머니도 결혼 전에 프로이트에게 상담을 받은 적이 있었다. 아이가 자라는 동안 한스의 부모는 아이의 말을 관심 있게 들어주고, 절제된 행동으로 모범을 보였다. 그리고 한스에게 서구 특유의 고전적인 교육을 했다. 예를 들면, 만 세 살 때 한스가 성기를 만지고 노는 것을 보자 어머니는 의사를 불러 고추를 잘라버릴 것이라고 겁을 주었다. 또 한스가 아기가 어떻게 생기는지를 물었을 때, 부모는 황새가 물어서 데려온다고 엉뚱한 이야기를 지어서 대답했기 때문에 아이를 속이는 결과가 되고 말았다.

한스의 공포증은 만 네 살 아홉 달 때, 여동생이 태어나기 바로 전에 나타났다. 한스에게 병적 증후군은 밖에 나가면 말이 그를 넘어뜨리고 물어뜯을 것이라는 억제할 수 없는 무서움으로 표출되었다. 그래서 그는 밖에 나가는 것을 거부했다. 특히 꼬마 한스는 아버지와 어머니, 자기 여동생의 성기에 대해서 지나친 관심과 호기심을 보였다. 그 관심은 거의 강박증에 가까워져 한스의 뇌리를 떠나지 않았다.

꼬마 한스는 욕조에서 여동생을 보면서 자기 고추가 지금은 작지만 언젠가 자랄 것이라는 점을 확인했다. 성기에 대한 한스의 관심은 결국 아버지의 성기에 쏠리는 한편 말에게 더 큰 성기가 있다는 것을 알고 나서 말에게도 흥미를 갖게 되었다. 그런 식으로 꼬마 한스는 오이디푸스 콤플렉스를 겪고 있었고, 어머니에 대한 근친상간 욕망의 필연적 귀결로 아버지에 대해 적의를 품게 되었다. 즉 아버지는 한스보다 큰 성기를 갖고 있기 때문에 아이가 어머니를 독점한다면 아버지에게 벌을 받을 것이라고 생각한 것이다. 그런데 말의 성기가 더 크니까 한스는 아버지에게 받을지도 모르는 처벌을 말로 대치한다. 그래서 집 밖으로 나가면 말에게 물릴 것이라고 생각한 것이다.

이러한 마음속의 투쟁 때문에 생긴 정신심리적 갈등은 꼬마 한스가 아버지를 좋아하는 만큼 더 증폭되어 정신심리적 질병을 앓게 만들었다. 그뿐만 아니라 정신분석을 배운 그의 아버지가 아들의 분석 상담을 시작했을 때, 한스에게 아버지는 아버지도 되고, 적도 되고, 의사도 되었을 테니까 말이다.

어쨌든 프로이트는 꼬마 한스의 불안 공포증이 근친상간 욕망, 관능적 쾌락에 대한 열망의 억압에서 왔음을 간파했다. 어머니에게 근친상간 욕망을 품을 수 없다는 것을 잘 알고 있었기 때문에 한스는 그것을 억압했다. 억압의 결과 그 성적 충동은 공격 충동처럼 불안 공포로 변형되었던 것이다.

　한스가 말을 선택한 것은 가지고 놀던 장난감 말이 그 계기가 되었다. 풀을 뜯고 있는 말은 어머니에게 품었던 근친상간 욕망에 반대하는 아버지의 화난 모습으로 나타났다. 이때 거세 공포가 탄생한 것이다. 한스는 아버지가 자신을 거세시키지 않을까 두려워했고, 쓰러진 말은 죽은 아버지, 즉 사람들이 쫓아내기를 바라는 적으로 대체되었다. 동시에 그것은 어머니의 분만의 고통을 상징한다. 그렇게 해서 한스의 공포가 형성되었다. 그 공포는 모순된 감정들을 머릿속에서 지워버리고 자유롭게 되기 위해서 벌이는 정신적 갈등과 싸움을 회피하는 수단이 되었다. 한스는 고백할 수도 표현할 수도 없는 생각들에 시달리고 있었던 것이다. 그것들은 병 증후군의 형태로 표현되었고, 이 대체된 증후군이 그 모순 감정들을 수용하였던 것이다. 프로이트와 한스의 아버지가 조심스럽고 부드러운 분석으로 한스의 속마음을 밝혀냈을 때, 한스의 공포증은 점점 사라지게 되었다. 분석은 완전히 성공했고, 한스의 병은 나았다.

남편이 폭력적입니다

- 사디즘 증후군

오십 대 주부입니다. 남편이 폭력적인 성격이어서 불안합니다. 저뿐만 아니라 아이들에게도 폭력을 휘두릅니다. 그래서 사춘기에 들어선 큰아이가 제 앞에서 아버지를 죽이고 싶다고 서슴없이 말합니다. 그동안 아이들도 있고 주위의 눈도 있고 해서 무작정 참고 살아왔습니다. 그런데 요즈음은 더 이상 참지 못하겠습니다. 남편이 폭력적인 것은 어릴 때 부모님의 사랑을 못 받아서 그렇다는 생각이 듭니다. 가정이 어려워서 방황을 했던 스무 살에 재수 없이 삼청교육대에 끌려가 죽도록 매맞고 모진 고통을 받았다고 합니다. 어린 시절을 어렵게 보냈으니 사랑이 무언지도 몰랐던 것 같습니다. 남편과 어떻게 해야 좋을까요?

남을 지배하고 학대해야 직성이 풀리는 사람들이 있습니다. 이러한 사람을 공격적 가학증 성격의 사람, 사디스트라 부릅니다. 우리 주변에는 너무 많은 사람들이 사디스트들의 폭력 때문에 상처받고 괴로움을 겪습니다. 술에 취해 아내를 때리는 남편이 있으며, 짜증나고 화나면 괜히 아이들을 때리는 부모들이 있습니다. 학교에는 학생들을 괴롭히는 아이가 있으며, 군대에는 군기가 빠졌다는 구실로 후임병을 괴롭히는 상급

자가 있습니다. 직장에는 밑에 직원을 괴롭히는 상사가 있으며, 교육을 명목으로 학생들을 못살게 구는 교사도 있습니다. 관공서에는 여러 가지 요식을 강요하며 시민을 짜증나게 하는 공무원이 있고, 모든 권력을 독점하고 사유화해서 국민들을 복종시키고 지배하는 독재자가 있으며, 수단과 방법을 가리지 않고 돈과 부를 소유하고 모든 경제를 지배하여 중소기업들을 찍어 누르는 악덕 대기업들이 있습니다. 국민의 공공 이익과는 무관하게 자신의 이익만을 일삼는 각종 이기주의적 집단들이 선량한 국민을 괴롭힙니다. 전 세계에 정보망을 구축해 세계를 자기 손으로 주물러 보겠다고 호언하는 거대 컴퓨터 왕국의 미치광이도 있으며, 피부색이 다르다고 다른 인종을 무시하고 천대하는 인종 차별주의자들이 있습니다.

이러한 경향이 성관계에서는 성 상대자에게 육체적이고 정신적인 고통을 가함으로써 성적 흥분에 도달하는 성도착자가 됩니다. 벗기고 찢고 조르고 깨물고 매질하고 빨게 하고 핥게 하면서 성 상대자를 지배하고 굴복시키는 상상적 자아도취 쾌락에 빠집니다. 그래서 이 학대적 사디스트는 상대가 수동적이고 복종적인 마조히스트(피학증자)가 되기를 강요합니다.

사디스트들의 특징은 남을 학대하면서, 또 자신을 고통당하는 상대와 동일시하면서 자아도취적 쾌락을 즐긴다는 사실입니다. 거기에는 상대가 사랑의 대상이 아니라 단지 자신의 종속물이라는 음모가 도사리고 있습니다. 이러한 도착자의 도착 행위들은 자기를 옭아매고 있는 그 피할 수 없는 운명에 고통받고 있음을 보여주는 병 증후군입니다.

어린 시절 잔인한 폭력을 체험했다든지, 폭력적이고 강압적인 어른 밑에서 고통을 겪은 것이 사디스트적 성격을 형성하는 데 강한 영향을 끼칩니다. 자신이 당한 고통을 똑같이 다른 사람에게 전가하려는 투사 심리와 보상 심리, 보복 심리가 있기 때문입니다. 우리 주변에서 이러한 현상을 많이 목격합니다. 군대에서 신참(후임병) 때 당한 일을 고참(선임병)이 되면 다른 신참에게 반복하는 경우가 있으며, 아버지에게 당한 일들을 아버지가 되어 아들에게 또다시 행하는 경우도 있습니다. 많은 직장이나 사회 조직에서 신입이 상사에게 당한 일을 상사가 되어 다른 신입에게 또다시 반복하며, 독재자 밑에서 억압당하던 사람이 다시 독재자가 되어 다른 사람을 괴롭힙니다. 절대로 어머니처럼 살지 않겠다고 맹세하던 딸이 어머니가 되어 어머니와 똑같은 삶을 반복하며, 아버지 같은 성격이 딱 질색이라던 아들이 아버지가 되어 똑같은 공격적 성격을 가지기도 합니다. 주위에서 흔히 듣는 <성격이 어머니 닮아서 그래>, <아버지 닮아서 그래> 따위의 말이 바로 그 실례입니다. 우리 사회는 이런 폭력적, 학대적 성향이 아주 많이 벌어지고 있습니다. 성격은 치유되지 않거나 스스로 바꾸지 못하면 대물림되는 것이기 때문입니다.

어린 시절 남편이 겪은 삼청교육대에서의 상처, 그 트라우마가 남편의 무의식 속에 본의 아니게 학대, 잔인, 포악함이라는 사디즘을 심어주었던 것입니다. 인간은 외부로부터 받은 정신심리적 충격에 본인이 아무 대비 없이 갑자기 당하게 되면 엄청난 충격을 받아 트라우마가 되어 제정신으로 살아가기가 너무도 힘들고 고통스럽게 됩니다. 불우한 환경으로 철없이 방황하던 시절 스무 살 때, 재수 없이 삼청교육대에 끌려가서 모진 폭력에 시달렸으니 얼마나 억울하고 고통스러웠겠습니까? 자료를 보니 당시 삼청교육대에 끌려간 사람이 남자, 여자 포함 5만 명 가량 되었고, 무고한 사람들을 삼청교육이라는 명분으로 혹독한 폭력을 자행했고, 훈련 중 사망한 사람이 100명이 넘었으며, 그 후유증으로 397명이 사망했다고 하니 얼마나 잔혹한 폭력이 자행되었는지 미루어 짐작할 수 있을 것입니다. 그렇게 트라우마는 마음속 깊숙이 자리 잡게 되고, 남편에게 평생 뇌리에서 지울 수 없는 상처로 남게 됩니다. 그리고 그 아픔의 상흔들은 늘 화와 폭력을 불러일으키게 됩니다. 피곤하고 힘들고 짜증날 때 또는 술이라도 마시는 날이면 무의식 속에 남아 있던 그 상흔들, 그 트라우마가 불쑥 솟아나 괴로움을 참을 수 없어서 주위 사람을 괴롭히고, 아내와 아이들을 괴롭히게 되는 것입니다.

이렇게 남편이 폭력을 휘두르는 원인을 잘 알아야 문제 해결의 실마리를 풀 수 있습니다. 어렵겠지만 남편이 겪은 고통을 이해하고 남편과 진정으로 대화를 시도해 보세요.

남편이 그 아픔, 트라우마를 화와 폭력으로 표출하는 대신 말로 이야기 할 수 있도록 지혜를 모으세요. 대화가 시작되면 남편의 말을 잘 들어주세요. 잘 듣는다는 것은 남편의 아픔에 공감하고 위로하며 언젠가는 남편이 아픔을 치유하고 건강한 사람으로 돌아올 것이라는 믿음을 전하는 행위입니다. 남편이 화를 낼 때 감정으로 맞서면 오히려 역효과가 납니다. 잘못을 지적하거나 충고하기보다는 남편이 화내는 속뜻을 간파해 내는 것이 중요합니다. 속뜻만 잘 이해하고 들어준다면 말을 하지 않아도 훌륭한 대화가 잘 이루어진 것입니다. 정 말하고 싶으면, 오해가 없는 범위 안에서 간명하게 할 얘기를 우회적으로 넌지시 암시하는 것이 효과적입니다. 상호 이해와 존중하는 가운데 자신의 솔직한 심정과 느낌을 있는 그대로 표현하는 식으로 서로 소통해야 관계가 원만해질 것이며 남편도 자신의 성격을 고치려고 노력할 것입니다.

또한 부모의 이런 대화 모습, 서로 신뢰하며 교감을 나누는 모습, 부모의 애정이 회복되는 모습은 자녀들에게 좋은 귀감이 되어 아버지의 트라우마를 이해하게 될 것이고 자녀들의 태도도 긍정적으로 변화될 것입니다.

남편 때문에 심각한 갈등을 겪는 주부
- 마마보이/공주병 - 고부 갈등

　　남편 때문에 심각한 갈등을 겪는 삼십 대의 가정주부의 이야기다. 남편은 4남 2녀의 막내였다. 남편은 어린 시절부터 귀여움을 독차지했고, 중학교 때까지 공부를 너무 잘해서 주위 사람들로부터 서울대감이라고 늘 칭찬을 받아왔다. 그러나 고등학교 때부터는 주위의 칭찬과 격려도 먹혀들지 않았고, 급기야 대학 시험에서 낙방을 했다. 재수를 했지만 또 실패했고, 모 대학 분교에 입학했는데, 대학 생활에 적응을 못해서 중도 하차하고 말았다. 그리고 고시 공부를 한다며 그때부터 줄곧 고시원에서 살았다. 부인은 어떤 이의 소개로 남편을 만났다. 대학 중퇴라지만 겉모습이 괜찮았고, 말도 그럴 듯하게 잘해서 자기보다 낮은 학력이지만 선뜻 결혼을 하게 되었다. 시댁이 경제적으로 여유가 있고 자신이 조금이나마 생활력이 있으므로 내조만 잘하면 고시까지는 아니어도 공무원이라도 할 수 있을 테지 하는 마음으로 결정한 것이다.

　　그러나 부인은 기대와는 달리 남편의 이상한 성격을 접하게 된다. 남편은 불면증에 시달리고 의심이 많다. 언제나 부인의 전화 통화를 엿듣는다. 평상시에 남편은 시어머니를 극진히 위하는데, 어떨 때는 늦은 밤에 시부모가 자는 방에 들어가 괴롭힌다는 것이다. 어머니를 그토록 위하면서도 다른 한편으로 저렇게 부모를 괴롭힐 수 있는 것인지 이해할 수 없었던 부인은 너무도 충격적인 사건들을 털어놓는다. 예를 들어 시어머니가 밖에서 겪은 무슨 좋지 않았던 일, 즉 누군가가 불친절하게 했다든지, 시어머니를 무시했다든지 하는 말을 하면 <누가 엄마한테 그랬어!>, <엄마를 건드리는 놈이 있으면 전부 죽여버리겠어!>라고 소름끼치는 폭력적인 말을 서슴없이 내뱉는다는 것이다. 그렇기 때문에 시어머니의 비위를 조금이라도 거스르는 행동을 하거나 행여 시어머니와 의견 충돌이라도 생길 때면, 남편은 이유 불문하고 자신을 학대했다는 것이다.

무슨 일이 생기면 남편은 부인에게는 전혀 이야기를 안 하고, 항상 시어머니 또는 누나와 상의했다고 한다. 네 살 된 아들이 있는데, 아이 교육 문제 때문에 남편과 늘 충돌하고, 특히 시어머니가 아이를 너무도 과잉보호해서 남편처럼 될까 걱정스럽다고 했다. 어떤 때는 아이를 시어머니에게 뺏긴다는 생각을 한다고도 했다.

이 이야기는, 이런 정도는 아니더라도 우리 사회에서 흔히 일어나는 삼각관계의 갈등 심리를 보여준다. 다시 말해 며느리와 시어머니 그리고 남편 간의 관계나, 남편과 부인 그리고 처가와의 삼각관계에서 빚어지는 문제들을 말한다. 후자의 경우 다시 말해 부인 쪽에서 처가, 즉 친정 부모로부터 독립하지 못해서 일어나는 사건들이다.

원칙적으로 인간은 어느 누구의 소유물이 아니다. 그런데 어떤 이들은 자식을 자신의 소유물인 양 생각한다. 그들은 내가 낳은 자식이니까 무의식적으로 내 것이라는 생각을 한다. 그들은 자식을 분신처럼 여기므로 자기 욕망대로 자식을 주무르려고 한다. 이른바 자식을 과잉보호하고, 과잉 간섭을 한다. 부모의 과잉보호는 자식에게 의존심을 심어준다.

어떤 부인은 중학교 때까지 연필을 깎을 줄 몰랐다고 했다. 연필 깎는 것까지 부모님이 해주었기 때문에 으레 연필은 부모님이 깎아주어야 한다고 생각한 것이다. 아이까지 있는 어떤 남편도 부모 집에 가면 <엄마, 물>, <엄마, 베개>, <엄마, 리모컨>, <엄마, 쥬스>,

<엄마, 옷>, <엄마, 옷걸이>, <엄마, 이거> 등등 자신도 모르게 어린 짓을 한다. 젊었을 때 남편과 사별하고, 남편 대신 아들을 믿고 의지하며 헌신을 다해서 키워 온 어떤 시어머니는 은근히 며느리를 괴롭힌다. 무의식적으로 며느리가 아들을 빼앗아갔다고 생각하기 때문이다. 그래서 늘 며느리 흉보고, 며느리 꼬투리 잡을 일만 찾아다니는 사람이된다. 아버지의 사랑을 독차지했던 어떤 외동딸은 결혼 후에도 늘 남편을 아버지와 비교한다. '나의 아버지는 잘해 주셨는데', '저렇지 않으셨는데'라고 남편에 대해 불평을 한다. 또 툭하면 친정으로 달려간다.

부모 의존심에서 벗어나지 못한 어른은 아직도 마음의 상태가 어린아이 수준에 머물러 있기 때문에 이른바 <마마 보이>, <공주병>이라고 부른다. 어머니의 치맛자락에서 벗어나지 못하고 마마 보이가 된데에는 어머니가 붙들고 놓아주지 않은 원인도 있다. 이렇게 어머니와 아들의 끈끈한 유대와 이를 옆에서 목격하는 며느리 사이의 갈등 관계가 바로 고부 간에 문제가 되는 심리 구조다.

가부장적 가족에서 자라면서 자신의 욕망을 억압한 여성은 대체적으로 수동적이고 의존적이며 헌신적인 성격을 지닌다. 그녀는 욕구 불만의 해소책으로 자녀에 대해 헌신과 과잉보호, 과잉 간섭을 함으로써 대리 만족을 추구한다. 그녀는 남성성의 고유 영역을 남근이라 생각하고, 자신이 갖지 못한 남근 선망의 보상 심리로 자녀를 선택한다.

프랑스의 정신분석학자 라캉은 이런 심리구조를 다음과 같이 풀이한다.

어린 시절에 아이는 자기가 엄마의 유일한 대상, 엄마의 상징적 남근이라고 생각한다. 남근이라는 의미는 생물학적 개념인 실제 남자 성기가 아니다. 남근은 인간의 무의식 속에서 남근 상징적 놀이를 하는 것으로 인간의 상징적 언어 세계 속에서 의미를 갖는 상징적 성기이다. 엄마가 원하는 것이 남근이므로 아이는 자기가 엄마의 남근이라고 생각하는 것이다. 그렇게 되면 아이에게 자기 자신은 없어지고 아이는 단지 엄마의 종속물로 동화된다. 아이 자신이 어머니의 남근이라고 믿는 것과 아이가 그렇게 믿는 것을 어머니가 수용하는 양자의 무의식이 일치될 때, 둘의 유대 관계는 더욱 견고해진다. 이 관계를 <상상적 양자합 관계> 또는 <상호 종속 관계>라 부른다.

그러나 이 관계는 그리 오래 지속되지 않는다. 바로 이 관계에 아버지가 등장하여 이를 엄격히 제지하기 때문이다. 아버지는 명한다. 아이에게는 <네 어머니와 동침하지 마라!>, 어머니에게는 <네 아이의 아이를 낳지 마라!>라는 상징적인 법으로 금지를 명한다. 이것이 소위 아버지 이름, 아버지 법으로 명해진 근친상간 금지이다. 이 금지가 우리 인류에 내려진 최초의 계율이다. 모든 인류는 이 계율을 따른다. 그런데 이 계율을 어기려 할 때 정신적인 문제가 생긴다. 예를 들어 신경증의 사람은 어머니와 <상상적 양자합 관계>, <상호 종속 관계>에 머물러 자아와 사회 규범, 자아와 상황을 구별하지 못하고 자꾸 그 의존 관계, 어머니의 치마 속으로 돌아가려 한다. 마마 보이, 공주병처럼 말이다. 이것이 더욱 심해져서 아예 <아버지 이름의 세계>에 들어가는 것을 거부하고 차단해 버리면 정신증으로 나타날 것이다. 자폐증이 그 예이다. 여기서 말하는 <아버지 이름>이란 <철수 아버지>와 같은 실제 아버지가 아니라, 아버지 기능을 의미하는 것으로 <상징적 아버지>이며 <은유의 아버지>이다. 그래서 <아버지 이름의 세계>는 가정과 사회의 상징적 법과 규범의 기초가 되고 나아가 인간성, 휴머니즘의 상징적인 법의 근본이 된다.

이 아버지 법의 간섭 덕분에 아이는 자신이 어머니의 남근이라는 욕망, 근친상간 욕망을 포기하고, 대신 아버지 법을 받아들인다. 그런데 만약 어머니나 아버지가 이 법을 인정하지 않고, 아이를 자신의 남근으로 생각한다든가 자신의 소유물로 다룬다든지 할 경우, 반대로 아이가 이 법을 받아들이지 않는다면, 아이는 어머니의 남근과 동일시된 채로 어머니에게 종속되어 정신적 증상을 앓는다. 실제로 어떤 어머니는 아이를 붙들고 놓아주지 않는다. 그렇게 되면 아이는 어머니의 과보호적인 애정으로 인해 남성다움을 빼앗기기 쉽다. 그래서 아이는 지나칠 정도로 어머니에 대해 헌신적인 모습을 보일 수 있다. 그러나 이런 식의 애정 관계는 독립된 개체이면서 서로가 서로를 존경하는 식이 아닌, 어머니와 아이가 분리되지 않은 <상상적 양자합 관계>, <상호 종속 관계>로 퇴행하는 관계이다.

다른 한편 아이는 어머니가 자기의 자아를 빼앗았다고 생각하기 때문에, 어머니를 사랑하면서 증오하는 양가감정에 지배받는다. 이런 아이는 착하고 얌전한 듯하면서도 난폭하고 거짓말을 한다거나 굉장히 좋아하다가도 금방 화를 내고 우울해지는 것과 같은 표리부동한 성격을 갖게 된다. 더욱 심해지면 어머니를 증오하는 감정으로 심한 죄책감에 빠지게 되고 그것이 다른 사람들에게 전가되어 여성에 대한 시선 공포를 낳을 수 있다. 어떤 직장 남성은 여성의 얼굴을 쳐다보는 것이 두려워서 늘 고개를 숙이고 다니며, 지하철 안에서 우연히 여성 옆에 있게 되면 두려움에 벌벌 떨고, 식은땀을 흘리고 숨이 막힌다고 한다. 어머니를 무의식적으로 증오한 것에 대한 죄책감이 다른 모든 여자들에게 투사된 것이다.

결국 아이와 어머니, 아버지가 <아버지 이름의 법>을 받아들이면, 아이는 자신을 남근을 소유한 아버지와 동일시함으로써 무사히 어머니와 자신의 <상상적 양자합 관계>, <상호 종속 관계>를 벗어나서 오이디푸스 콤플렉스를 통과하고, 가족과 사회의 한 구성원이 되어 자신의 인성을 계발하고, 자아를 실현하는 건강한 사람이 된다. 부모는 자식이 무사히 부모 품을 떠나 자기 인생을 책임지고 독립적이며 자주적인 삶을 살도록 해야 한다.

부모님을 속이는 아이

- 거짓말 심리

중학교 1학년 남자아이와 고등학교 1학년 여자아이를 둔 주부입니다. 딸은 공부도 잘하고 문제가 없는데 아들 때문에 걱정입니다. 언제부터인지 모르게 성격이 폭력적으로 변했습니다. 금방 탄로 날 거짓말도 자주 합니다. 저는 어려서부터 정직하고 예의바르게 살라고 가르쳤습니다. 우리 아이가 공부를 못해도 좋습니다. 그런데 거짓말하고 폭력적인 것은 질색입니다. 정직하고 착하게 살라고 타일러도 보았습니다. 초등학교 저학년 때는 회초리로 때려서 고쳐 보려고 했습니다만 지금은 커서 회초리는 엄두도 못 냅니다. 또 한 가지는 아이가 중학생이나 됐는데 혼자 자는 것을 무서워합니다. 항상 방문을 열어놓고 잡니다. 가끔 자다가 안방이나 누나 방으로 옵니다. 요즘은 성격이 더욱 난폭해진 것 같습니다. 우리 부부는 하나밖에 없는 아들이라서 늘 관심을 쏟고 있는데 아이가 자꾸 삐뚤어지니 걱정입니다. 선생님, 우리 아이에게 무슨 문제가 있는 것일까요?

아이들에게 정신심리적인 병 증후가 나타나는 이유는 아이의 존중과 자존심이 무시당하고 함부로 취급되었을 경우가 있을 수 있습니다. 또는 의사소통의 부재로 세상의 이해가 결핍되거나 상호 교감의 부재로 감정을 표현하고 서로 나누는 것이 결여되었을 경우, 부모의 신경증적인 증상과 불안을 아이에게 투사하는 경우, 오이디푸스가 해결되지 못한 경우 등에 나타날 수 있습니다.

거짓말이나 엉뚱한 행동으로 부모와 주위 사람들을 교란시키고 괴롭히는 아이들이 있습니다. 가정에서는 부모에게, 학교에서는 선생님에게 그렇게 합니다. 친구들에게는 황당한 거짓말을 하고 연약한 아이를 귀찮게 하고 때립니다. 이 아이들은 무엇인가 내부에 불만이 있어서 그러는 것입니다.

첫째, 이는 지나친 보호를 받고 자라온 아이들에게 자주 나타납니다. 이들의 부모들은 자식에게 무척 관대하고 희생적입니다. 도덕적으로 너무 엄격하고 자기희생적 태도를 가진 부모들은, 부모가 정직하고 자식을 위해 희생하니까 너희들도 정직하고 부모를 위해 살아야 한다는 짐을 아이들의 마음속에 심어주게 됩니다. 그렇게 되면 아이는 부모들이 기대하는 대로 살아야 한다고 생각합니다. 아이는 자신의 소망, <진정한 자기>를 서서히 잃게 됩니다. 자신의 의지, 선택, 느낌, 좋아하고 싫어하는 감정 등에 무기력해지는 것입니다. 부모님의 기대를 저버리지 않기 위해서 순간적으로 비위를 맞추고 거짓말을 하게 됩니다. 그리고 그 조그만 거짓말을 감추려고 또 다른 거짓말을 하게 됩니다. 거짓말이 쌓여서 감당 못 할 때가 되면 마음속의 불안을 폭력으로 표출합니다.

둘째, 이 불만은 아이의 마음속에 있는 적대 감정의 표출이라 할 수 있습니다. 그 근원은 오이디푸스 콤플렉스입니다. 남자아이의 경우 만세 살에서 여섯 살 사이에 어머니에 대한 성적 충동이 왕성해져서 근친상간적 무의식을 갖게 되고, 아버지를 자신의 경쟁자로 생각해서 적대 감정을 품게 됩니다. 이 감정이 초등학교 기간에 수그러들었다가 사춘기가 되면 더 심하게 나타납니다. 이 적대 감정은 한편으로 불안 공포를 낳습니다. 즉 아이는 아버지가 자기를 어머니로부터 떼어내려고 겁을 준다고 생각합니다. 그래서 그 무서운 감정을 다른 사물로 전가시켜 어둠, 갇힌 방, 화장실, 어떤 동물 등을 무섭다고 합니다. 그래서 <꼬마 한스>의 사례에서처럼 당신의 아들도 밤에 닫힌 방에 있는 것이 무서운 것입니다. 이러한 현상이 수그러들지 않고 심해지면 상담 전문인에게 상담을 받아야 합니다. 그것이 커지면 대인 공포, 광장 공포, 밀실 공포, 지하철 공포 등의 공황장애, 공포증이 발생되기 때문입니다.

셋째, 이 불만은 시기심에서 올 수 있습니다. 누나는 공부를 잘해서 칭찬을 받고 자신은 못해서 걱정이 될 때, 또는 부모님의 사랑을 제대로 못 받고 자란 아이의 경우에 그런 증상이 올 수 있습니다. 시기심의 근원은 애정 결핍에서 옵니다. 애정과 사랑을 받기 위해 거짓말, 엉뚱한 행동, 눈에 거슬리는 행동을 하면서 남의 시선을 끌려고 합니다. 그렇게 해서도 성공을 거두지 못하면 불안한 속마음을 폭력으로 나타내게 됩니다.

그러므로 이런 경우들에서 사랑보다 좋은 해결책은 없습니다. 그 사랑은 아이의 개성과 독립심을 키워주고, 인간애에 바탕을 둔 독립된 인격이 되도록 하는 사랑이어야 합니다. 과잉보호, 과잉간섭, 과잉신경은 오히려 해가 됩니다. 아이는 부모의 종속물이 아닙니다. 부모가 채우지 못했던 욕망을 대신 지는, 부모의 욕망을 실현하는 도구가 아닙니다. 아이는 그동안 억눌러 왔던 불만들을 사춘기 때 걷잡을 수 없이 표출합니다. 이제부터 아이와 진정한 대화를 하십시오. 아이도 속마음을 털어놓을 것입니다. 그렇게 되면 아이의 성격도 개선될 것입니다. 무엇보다도 가족이 한자리에 모여 털어놓는 마음의 대화가 중요합니다.

한 가지 방법은 네 식구가 1주일에 한 번 한자리에 모여 대화의 시간, 가족 만남의 시간을 고정적으로 갖는 것입니다. 이 시간은 가족구성원에게 가장 중요한 시간이라는 마음 다짐을 하고 아무도 빠지지 말아야 합니다. 만나서 하는 일은 돌아가면서 각자 말하고 싶은 얘기를 자연스럽게 하는 대화의 시간을 갖는 것입니다. 대화는 절대로 남을 탓하지 말도록 하고 남이 말할 때 절대로 끼어들지 말고 듣기만 하도록 규칙을 정해야 합니다.

처음에 부모는 아무 얘기 말고 듣기만 해야 합니다. 특히 작은아이의 얘기를 잘 경청해야 합니다. 작은아이가 자기의 심정을 마음껏 토로하고 자기의 주장이나 견해를 충분히 말하도록 해야 합니다. 대화는 역설적으로 말하는 사람이 말을 하면서 자신의 문제를 돌아보고 이해하고 깨닫고 반성하고 고치는 과정을 스스로 하게 합니다. 그러므로 지적할 필요가 없습니다. 지적하면 오히려 더 문제를 일으키게 됩니다. 몇 번의 가족 대화로 아이의 심정이 어느 정도 편해지면, 다음번에는 두 번째로 힘든 상태에 있는 사람이 남을 탓하지 않고 자신의 힘든 심정을 마음껏 이야기하도록 하면서 마음을 풀어 가면 됩니다. 그렇게 시간을 가지고 돌아가면서 가족 대화, 가족 만남을 지속적으로 하다 보면 서로 오해가 풀리고 공감하고 존중하며 신뢰가 쌓이면서 가족 구성원 간의 사랑이 피어날 것이고, 어느 사이에 가족의 행복이 찾아올 것입니다.

어머니는 옷부터 벗으라고

- 강박 증후군

고등학생입니다. 어머니는 신경과민인 것 같습니다. 일일이 간섭하는 것이 너무 귀찮습니다. 제가 학교나 밖에서 들어오면 언제나 양말과 옷부터 벗고, 빨리 욕조에 가서 씻으라는 겁니다. 더럽다고 옷부터 빨자는 것이지요. 아침에 새로 빨은 옷을 입고 나간 건데요. 제가 오늘 입은 옷이라고 방으로 도망치면 끝까지 쫓아오면서 깨끗한 방에 들어간다고, 더러운 발로 침대를 밟는다고 야단입니다. 너를 위해서 그러니 말 좀 들어 달라고 애원합니다. 저뿐만 아니라 아버지께도 마찬가지여서 자주 싸웁니다. 집에서 늘 빨고, 닦고, 씻고, 뒷바라지하는 것이 어머니의 일과입니다. 방바닥과 거실 바닥이 늘 반들반들합니다. 어머니께 어떤 문제가 있는 것인가요?

항상 계산하고 정리 정돈하고, 쉴 새 없이 무엇인가를 하고, 온종일 쓸고 닦고 해야만 직성이 풀리는 사람들이 있습니다. 더러운 몸을 혐오하고, 끊임없이 걱정하며, 항상 무언가를 통제해야 한다는 강박 관념에 사로잡혀 있는 사람들입니다. 이러한 경향이 강한 사람일수록 통제할 수 있는 위치나 권력과 권위를 추구합니다. 권위가 있는 것과 권위를 추구하는 것, 즉 권위주의와는 천지차이가 있습니다. 권위가 있는 것은 예수

나 부처를 존경하는 것처럼 마음속에서 스스로 우러나오는 것이지만 권위주의는 포악한 군주와 같이 자기 스스로 권위가 있다고 생각하고 자기를 절대화하는 이기주의적 성향을 말합니다. 대개 권위주의적 성격은 강박 관념에서 나옵니다. 모든 것을 통제하고 계획하며 질서화하기 때문입니다.

사실 강박 관념에 사로잡힌 사람이 근본적으로 염려하는 것은 예상치 않은 일에 부딪히지나 않을까 하는 것입니다. 그에 대한 불안을 피하기 위해 자신을 포함해 모든 사물을 제 위치에 놓으려 합니다. 질서, 세심, 소심, 청결, 결벽증, 완벽주의 등이 그런 사람들이 추구하는 대표적 규칙들입니다. 어떤 사람은 하루에도 몇 백 번씩 손을 씻고, 수십 번씩 가스 밸브나 수도 밸브를 점검합니다. 문이나 방문이 잘 잠겼나 수차례 확인합니다. 이러한 사람들의 심리는 마치 TV 연속극 속의 한 여인이 속으로 한 남자를 몹시 증오하면서 겉으로는 사랑하는 척하는 것과 같다고 할까요. 그래서 그 겉 사랑이 과장되어 표현되고, 지나치게 사치스럽기도 한 위장된 사랑 말입니다. 그런 사랑은 강제성만 있지 융통성이 없지요. 사랑하는 사람끼리 순수한 감정의 변화무쌍한 율동과 융통성을 인정하지 않을 테니까요.

당신 어머니도 마찬가지로 이율배반적 속마음을 가지고 있습니다. 어머니는 당신을 위한다고 허구한 날 옷을 갈아입히고 씻으라고 한다고 했습니다. 욕구 불만에 찬 어머니의 속마음이 당신에게 작용한 것입니다. 아마 그동안 철석같이 믿었던 자식과 남편이 자기를 미워하지나 않을까, 자기를 비난하지나 않을까 해서 그런 두려움의 불안을 완벽주의 행동으로 방어하는 것입니다. 그래서 집에서 늘 옷을 빨고, 집안을 깨끗이 닦고, 씻고, 남편과 아들을 끊임없이 뒷바라지하는 것이 어머니의 일과인 것입니다. 그렇게 어머니는 자식과 남편의 생활에 지나친 간섭을 하고 있는 것입니다. 미움받고 비난받는 두렵고 불안한 마음을 인정하기 두려워서 완벽주의를 추구하며 자기 보호, 자기 방어를 하는 것입니다. 자식과 남편의 안녕과 안전을 염려한다는 구실로 행하는 그와 같은 과잉 간섭, 과잉보호, 과잉청결은 자식과 남편에게 받을 처벌에 대한 보상 심리입니다. <도둑이 제 발 저리다>라는 심리라고나 할까요.

그러므로 어머니의 속마음을 잘 헤아려서 어머니와 진지한 대화를 시작해보세요. 가능하다면 아버지와도 대화를 해보세요. 대화는 진실한 감정, 진실한 마음의 교환입니다. 진심의 교환 자체가 치유의 효과를 발휘하여 변화가 일어납니다. 어렵고 시간이 걸리더라도, 가족 구성원 간의 대화를 꾸준히 수행하다 보면 문제의 고민들이 하나씩 풀리기 시작하고 어머니도 좋아하실 것입니다.

제 자신이 비참하고 초라해 보입니다

- 열등감/우월감

여대생입니다. 저는 어렸을 때부터 남에게 지는 것을 너무 싫어했습니다. 초등학교 때는 점수를 잘 받아오면 부모님이 좋아하셨기 때문에 부모님의 비위를 맞추려고 뭐든지 남보다 잘해야 하고 이겨야 한다고 생각했던 것 같습니다. 사실 초등학교 4, 5, 6학년 때는 반에서 항상 일등을 뺏기지 않았거든요. 조그만 지방 도시에서 자라다가 서울에 와서 살고 있는데요. 자꾸 남과 비교하게 되고요. 다른 여자가 나보다 더 예쁘고, 세련되고, 나은 것 같아 괴롭습니다. 도서관에 앉아 공부하려 해도 책이 머릿속에 들어오지 않고요. 자꾸 외모에 신경을 쓰면서 다른 여자들은 지금 외모를 가꾸고, 행복하게 지내고 있을 텐데 하는 생각을 하면, 제 자신이 너무 비참하고 초라해집니다. 이런 생각을 하면 생각이 꼬리를 물고 이어져서 아무것도 하지 못합니다. 정말 괴롭습니다. 제게 어떤 문제가 있을까요?

질문에 답하기 전에 언젠가 있었던 실험 하나를 소개할까 합니다. 금붕어들이 헤엄치고 있는 수족관이 있었습니다. 어느 날 임의로 그 절반을 갈라 유리로 막았습니다. 그런데 그 이후에도 양쪽에 있는 금붕어들은 그것을 모르고, 끊임없이 유리에 부딪히곤 했습니다. 가운데의 가로막은 유리 너머로 가고자 한 것입니다. 그러던 중, 어느 때부터인가 금붕어들이 더 이상 그 유리에 부딪히지 않는 것이 관찰되었습니다. 금붕어들은 더 이상 유리 저쪽으로 가려고 하지 않는 것처럼 보였습니다. 몇 주가 지난 후 유리를 제거했습니다. 그러나 금붕어들은 그 자리에 여전히 유리 칸막이가 있는 것처럼 저쪽으로 넘어가지 않았습니다. 넘어가면 안 된다는 금지가 금붕어들의 내부에 자리 잡게 되었고, 그 금지가 바로 금붕어들의 성질을 변화시킨 것입니다.

인간은 태어날 때부터 자신의 신체를 조절할 수 없는 미숙성 때문에 기능 장애를 느낍니다. 본능적으로 자신이 무력하고 약하고 열등한 상태에 있음을 느낀 아이는 자기 앞에 있는 어머니(보모)에게 도움을 청하면서, 어머니와 자신을 동일시하면서 자신의 허약함을 숨깁니다. 울음과 칭얼거림이 바로 그 표시입니다. 인간 최초의 열등감은 이렇게 시작됩니다. 그러므로 누구에게나 열등감은 있습니다. 아이는 자신의 허약함과 절망을 피하기 위하여 어머니(부모, 보모 등)의 말에 순종하고, 외부 세계에서 명하는 금지들을 받아들입니다. 아이는 일단 받아들인 금지들을, 마치 금붕어가 유리를 제거한 후에도 유리가 있다고 느끼는 것처럼, 자기 자신의 금지로 받아들입니다. 외부 세계에서 온 이러한 금지를 정신분석학에서는 <초자아>라 부릅니다. 그러니까 인간 내부에는 어려서부터 은연중에 무의식적으로 쌓여온 금지가 자리 잡고 있습니다. 이 외부의 금지, 즉 <초자아>는 <~하지 말아야 한다>나 <~해야만 한다>는 식으로 마음속에 자리 잡은 윤리, 도덕, 양심, 이상 등이 됩니다. 이는 인간의 자아가 외부 환경, 즉 초자아의 지배 아래 놓이게 되는 과정을 의미합니다.

그러면 우리 주변의 환경은 어떠합니까? 개인마다 부모님이 다르듯이 처해 있는 환경도 다르지만 현대 문명사회가 만들어놓은 공통 요인에 모든 현대인이 지배받고 있다는 것은 누구나 아는 사실입니다. 우선 현대는 경쟁 사회입니다. 한 개인이 남들과 경쟁하여 그들을 능가해야 하고, 그들의 패배를 담보로 자기 이득을 챙기는 사회입니다. 경쟁 원리가 현대인의 초자아가 된 것입니다. 어릴 때부터 어린이집, 초·중·고 등학교, 대학, 취직이라는 인생의 여정을 거치면서 우리에게는 경쟁이라는 초자아가 뿌리 깊게 내재하게 된 것입니다. 그것은 피할 수 없는 운명이 되었습니다.

그러므로 우리 모두는 이미 경쟁 사회 속에 놓여 있습니다. 당신의 자아는 경쟁에서 이겨야 하고, 일류 대학에 가야 하고, 사회에서 요구하는 아름답고 세련되고 멋진 여성이 되며, 최고가 되어야 한다는, 말하자면 당신이 설정한 초자아의 부담감에 시달리게 됩니다. 그렇지만 당신은 물론 아무도 그와 같은 이상에 도달할 수 없어서 인간의 마음속에는 어떤 좌절과 열등감이 자리 잡게 됩니다. 미모 열등감, 키 열등감, 학력 열등감, 가문 열등감, 지방 열등감, 직업 열등감, 부모 열등감, 피부 열등감, 인종 열등감, 가난 열등감, IQ 열등감 등입니다. 그렇지 않으면 그에 대한 보상 심리로 자기 과시에 눈을 돌리게 됩니다. 큰 차를 타고, 거창한 말, 과장된 말을 떠벌리며, 유난히 비싼 옷만 입고, 명품 등 최고급만 찾는 고급 일류병, 귀족병에 걸립니다. 미모 우월감, 키 우월감, 학력 우월감, 자동차 우월감, 직업 우월감, 부 우월감, 인종 우월감, 가문 우월감, 민족 우월감, IQ 우월감 등입니다. 자아와 초자아, 즉 자아와 자아 이상 사이의 격차가 크면 클수록 인간의 자아는 초자아, 그 이상에 도달할 수 없으므로 좌절과 절망의 구렁텅이에 빠지게 되어 그것이 우울증의 원인이 되고 심하면 자살에까지 이르는 것입니다. 가끔 시험 성적 때문에 또는 인기가 추락한 연예인이 비관 자살하는 경우가 그런 경우입니다.

현대 문명은 우리에게 엄청난 이익을 가져다준 한편 경쟁의식을 심어 열등감/우월감이라는 질병을 가져다준 면도 있습니다. 이 극심한 경쟁은 각종 이익 집단들의 이익 챙기기로 인간관계를 지배했고 우정, 친인척, 남녀의 선택, 심지어 가족 관계에까지 영향을 끼쳐 숙명의 라이벌 의식, 상호 비방, 불신, 시기 질투와 같은 병균을 만연시킵니다. 그 결과 부의 소유는 물론 주거, 교육, 문화, 여가 선용, 의료 등에 기회의 불평

등을 심화시켜 적대감에 기초한 인간관계를 조성할 뿐만 아니라 사람이 사람을 착취하는 현상에까지 이르게 됩니다.

오늘날 우리를 지배하고 있는 초자아의 경쟁심은 두려움의 증후군을 형성합니다. 성공한 사람은 남들의 시기 질투를 두려워하고, 돈이 많은 사람은 그것을 잃어버릴까 두려워하며, 실패한 사람은 남의 경멸과 멸시를 두려워하는 등 불안 증후군이 널리 퍼져 있습니다.

먼저 이렇게 오늘날의 사회를 진단하고 잘 이해해야 당신이 직면하고 있는 문제에 대한 해결의 실마리가 풀립니다. 현재 당신이 겪고 있는 고민, 외모 콤플렉스, 공부 콤플렉스 등은 환경적인 영향이 컸지만, 결국 그 영향을 받아들이고 안 받아들이는 것은 자기 자신의 결정에 달려 있는 것입니다. 그리고 이미 받아들인 초자아가 허상이고 왜곡이며 무리한 요구라면, 과감히 허상을 파괴해야 하고, 허상 파괴의 노력을 꾸준히 해야 하며, 내게 맞는 옷으로 수정을 해야 문제의 고민이 풀릴 수 있습니다. 그러기 위해서 인생을 체험하고 실력을 키우는 것이 중요합니다. 동성 친구, 이성 친구, 동아리, 아르바이트, 여행 모임 등의 다양한 체험을 통해 스스로의 인생관과 가치관을 정립하고, 자신이 좋아하고 자신에 맞는 옷을, 분야를 발견하여 실력을 쌓아 간다면 좋은 결실을 맺을 수 있을 것입니다.

인간은 환경의 영향을 받습니다. 그러나 환경이 오염되었다고 해서 개인도 더러운 것은 아닙니다. 컵 속의 흙탕물은 흙이 섞인 물이지 전부 흙은 아닙니다. 자기 수련으로 흙탕물에서 청정한 물을 얻을 수 있습니다.

친구를 못 사귑니다

- 트라우마

> 여대생입니다. 저는 이상한 버릇이 있습니다. 친구를 못 사귑니다. 중고등학교 때
> 도 그랬고요. 지금도 그렇습니다. 처음에는 잘 사귀다가 어느 정도 친해진다 싶으면
> 제가 아무 말 없이 관계를 끊습니다. 그래서 사귀던 친구들이 당황해하는 모습을 보
> 았습니다. 어렸을 때 아버지의 폭력으로 부모님이 자주 싸우는 것을 보며 자랐습니
> 다. 제게 가장 충격적인 사건은 일곱 살 때 어머니가 아버지와 싸우다가 집을 나가신
> 것입니다. 그래서 제가 어머니를 찾아 돌아다녔지요. 그러다가 지쳐서 집에 왔는데,
> 어머니가 바로 대문 뒤에 숨어 있었어요. 그리고 저를 보고 있었던 거예요. 제가 그
> 렇게 찾아다녔는데, 어머니가 저를 내버려두었다는 배신감이 잊히지가 않아요.

　　과거에 받은 정신심리적인 충격, 트라우마 때문에 괴로움을 겪는 경
우가 많습니다. 어린 시절에 겪은 성폭행, 왕따, 이별, 전쟁의 악몽, 가정
폭력, 예상치 못한 사고, 가난, 질병 등으로 인해 받은 정신심리적 충격은
사람의 머릿속에 보관되어 있어서 기회가 생길 때마다 불쑥불쑥 기억이
나면서 마음과 정신을 괴롭힙니다. 그것을 심적 외상, 트라우마(Trauma)
라 부릅니다. 사람이 일단 정신심리적 충격을 받으면, 그 사건은 인간의
머릿속에 저장되어 평온한 인간의 마음에 교란을 일으킵니다. 다시 말하

면 평온하게 마음을 먹고 바른 생각을 하고 싶은데, 그 충격적인 사건들이 그렇게 편안하도록 가만히 내버려두지 않습니다. 항상 머릿속에서는 그 괴로운 사건을 잊어버리기 위하여 숨기고 방어하며 억누르는 활동을 한다지만, 완전히 통제하지 못하여 그때의 악몽이 틈만 있으면 밖으로 나와 기억을 되살리곤 하면서 충격 받은 당사자를 괴롭게 됩니다.

우리는 세계 곳곳에서 벌어진 전쟁에 참여했던 병사들이 전쟁 후유증과 전쟁 악몽, 전쟁 트라우마에 평생 시달린다는 사실을 알고 있고, 제2차 세계대전이나 한국전쟁이나, 이라크전쟁 등 여러 전쟁에 참여했던 미군 병사들도 마찬가지로 전쟁 악몽에 시달리고 있다는 사실도 듣습니다. 그뿐만 아니라 제2차 세계대전의 히틀러의 잔혹한 만행으로 많은 사람들이 트라우마에 시달려왔고, 또 그것 때문에 죽어간 경우도 많이 있었지요. 가까이는 우리 민족도 일제 강점기의 민족 탄압과 독립운동 탄압, 위안부 할머님들, 군함도를 비롯한 여러 징용에 끌려가 모진 고통을 겪었던 많은 분들, 남북 동족상잔의 비극으로 인해 그때의 악몽, 그 트라우마로 괴로움을 겪고 있는 사람들이 아직도 많이 있습니다. 또한 5.16이나 10.26 이후 군부 쿠데타의 피해자들(그 대표로 삼청교육대에 입소 피해자들)과 독재정권에 반대하여 우리나라의 민주주의를 외쳤던 민주화 운동, 노동운동, 5.18 민주화운동 등의 많은 피해자들, 세월호 침몰 등 각종 재난 등의 피해를 입은 많은 사람들이 그때 당한 정신심리적 충격으로 아직도 괴로움을 겪고 있습니다. 트라우마는 대물림이라는 특징을 갖고 있기 때문에 지금도 우리 모두는 그런 아픔들에서 자유롭지 못한 것입니다. 그래서 인간은 업보, 부채를 짊어지고 평생 그 부채를, 업보를 치유해 가면서 살아가는 존재라 볼 수도 있지요.

이런 커다란 사건이 아니더라도 우리 모두는 크고 작은 정신심리적 상처를 간직한 채 살고 있는 것입니다. 그런데 그중에서도 매우 심한 충격적 사건은 머릿속에 깊이 간직된 채 무의식에 보관되어서 사건을 당한 당사자를 괴롭힙니다. 그리고 사람들은 그 충격으로부터 자신을 보호하고 방어하기 위하여 여러 방식으로 방어적인 정신심리적 활동을 하게 됩니다. 그중의 하나가 과거와 같은 정신적 충격을 더 이상 당하지 않으려고 과거의 사건과 비슷한 상황에 처할 때면 그 사건에 직면하기 전에 미리 회피하는 식으로 자신을 방어하려고 하는 것입니다. 예를 들어 어린 시절에 성추행이나 성폭행을 당한 한 여성이 성장하여 연애를 할 시기가 되어 남자를 만납니다. 그러나 남자를 만날 때면, 그때 경험한 남자에 대한 공포가 그녀의 무의식 심리를 지배하여 엉뚱한 핑계를 대고 엉뚱한 행동을 저지르면서 남자들의 접근을 멀리하는 수가 있습니다. 소개팅을 하는데, 자신도 모르게 무의식적으로 상대방 면전에서 이상한 말과 행동을 하여 남자가 멀어져 가게 할 수 있습니다.

마찬가지의 트라우마가 당신에게도 벌어졌습니다. 아버지의 폭력으로 어머니만이 내 삶의 모든 거라고 믿고 따르던 어린 소녀에게 어느 날 갑자기 어머니가 자기를 버리고 집을 나가버렸습니다. 아마 일곱 살의 어린 소녀에게 인생의 이보다 더 큰 충격이 있을까요? 트라우마는 개인이 겪는 나이나 상황에 따라 그 충격의 정도가 다릅니다. 만약 당신이 20대일 때 이런 일이 벌어졌다면 그건 별일 아니었을 겁니다. '엄마가 나를 버려' 그 나이엔 소도 웃을 일이지요. 너무도 어린 시절의 어느 한 순간에 겪은 어머니 사랑의 상실, 어머니에 대한 배신감, 버림받음의 상처, 어머니로부터의 분리 감정이라는 어린 시절의 정신심리적 트라우마가 너무도 큰 충격이었던 것 같습니다. 그렇기에 자라면서 친구나 이성 친구를 사귈 때마다, 그 버림받는 감정이나 사랑의 상실, 배신감에 대한 두려움을 더 이상 당하고 싶지 않고 또 그렇게 당하지 않게 자신을 방어해야만 하겠기에 친구를 멀리하는 행동을 무의식적으로 반복했던 것 같습니다. 자신이 행동하는 원인을 잘 알아내면, 문제의 원인을 치유할 수 있습니다. 어린아이의 장난감을 어른에게 주면서 놀라고 하면 어른은 받아들이지 않을 겁니다. 그것이 어린이의 장난감이라는 사실을 알고 있으니까요. 마찬가지로 정말 자신이 왜 그렇게 하는지를 알고 있다면 그런 행동을 안 하게 되는 것입니다. 앎이 곧 증명이 되고, 증명은 구속으로부터 해방을 주어 치유의 기쁨을 누리게 됩니다.

무서운 아버지한테서 어머니를 지키고 싶은데

- 공포증(공황장애) 소년

십 대 초반 G군은 자폐적 증세를 보여 어머니와 함께 상담실을 찾았다. G군을 처음 만났을 때, 그의 일그러진 얼굴은 불안과 공포로 얼룩져 있었다. G군은 말귀를 잘 알아듣는 영리한 소년이었지만 처음에는 묻는 말에만 고개를 끄덕끄덕하거나 가로젓는 식으로 응했을 뿐 침묵으로 일관했다. 그는 학교 공포증과 외출 공포증으로 집에만 있어야 했고, 어머니 곁을 떠나질 못했다.

G군의 어머니는 그가 가끔 <죽고 싶다>는 말을 하기 때문에 이젠 자신이 속상하고 미칠 지경이라고 했다. 말하자면 소년은 무언가에 대한 <공포증>에 걸려 있었던 것이다.

G군의 경우, 먼저 두 가지 문제를 짚고 넘어가야 한다.

하나는 G군 자신의 내부 갈등 문제요, 다른 하나는 소년의 환경에 기인한 외적 원인이다. 이 두 문제는 소년의 뇌리 속에 떼려야 뗄 수 없는 관계로 잠복해 있으면서 소년과 주위 사람들을 괴롭히고 있었던 것이다. G군의 공포증은 어디서 왔을까?

흔히 공황장애라 부르는 공포증은 일반적으로 보아서 위험이 없다고 생각되는 사물이나 주위 상황에 대해서 계속 두려움을 갖는 병적 증후군이다. 공포증 환자는 자신이 느끼는 공포가 이상하고 비합리적이라는 사실을 인식하는데도 자기의 공포 대상을 뜻밖에 맞닥뜨리지나 않을까 하는 마음에 겁에 질려 있고, 그 두려움을 피하기 위해 고통을 겪는다.

G군의 공포는 가족 관계에서 온 것 같다. 오십 대인 그의 아버지는 대쪽같이 강직한 성격을 가졌다. 그는 어린 나이에 부모님 곁을 떠나 많은 고생을 겪고 자수성가해서 경제적으로 어느 정도 살 만해졌다. 그러나 소년의 아버지는 자기 세대 사고방식의 울타리를 넘지 못해 은연중에 그 대쪽 같은 성격을 <잘해라>라는 식의 단순 논리로 표현하면서, 때로는 <아버지는 과거에 이렇게 고생했노라>는 고생담을 이야기하며 G군의 마음을 항상 짓누르고 학대해 왔다. 그것은 G군이 <아버지에게 맞았던 일> 또는 <자신의 욕망이 짓눌렸던 일> 등을 회상하면서 과거에 받았던 정신심리적 충격, 그 트라우마를 간직했고, 기회가 있을 때마다 아버지의 폭력에 대해 말하곤 했다는 사실에서 입증된다. 일곱 살쯤에 아버지에게 무척 심하게 맞은 것이 그가 기억하고 있는 최초의 학대이다. 그 후 수시로 매를 맞았다고 했다.

아버지의 폭력적 성격은 G군의 어머니에게도 가해졌고 아버지는 잠시 외도한 적도 있었다. G군의 어머니는 순종과 인내로 그 어려움을 견뎌 왔고 그에 따라 어머니의 애정은 자연히 아들인 G군에게 향하게 되었다. G군은 어린 시절부터 아버지의 폭력을 피하여 어머니로부터 과잉보호받으며 치마폭에 싸여서 자라온 것이다. 동시에 소년 자신은 무의식적으로 자신이 어머니의 보호자 노릇을 한다고 생각하게 된다. 반면 G군의 아버지는 G군이 성장해서도 어머니 품에 매달려 있는 것이 싫어서 G군에게 더 강하고 무섭게 대하고 심적 불안을 주곤 했다. 그 불안이 급기야 공포증으로 나타난 것이다. 학교는 규율과 질서를 지켜야 하기 때문에 아버지의 대쪽 같은 성격과 동일시되어 학교 공포증을 낳았고, 더 나아가 어머니와 떨어지기 두려워하는 외출 공포증을 낳은 것이다.

이렇듯 아버지와 어머니와 아들의 삼각관계 속에서 일어나는 자신과 남에 대한 몰이해가 가족의 불행을 자초하게 된다. 아버지는 아버지 시대의 사고방식으로 자녀를 대해서는 안 된다. 아버지 세대의 사고방식을 현세대에 적용하려 하고, 그 기준으로 자녀를 대하고 강압적 교육을 하려 한다면, 자녀는 문제의 청소년으로 되던가 아니면 자기 폐쇄의 길을 걷게 되어 그동안 쌓아온 노고가 하루아침에 무너지는 가정 파탄의 길에 이르게 될 수 있다. 어머니는 남편의 학대를 계속 참는 것으로 그칠 것이 아니라 적극적으로 그 원인을 밝혀보고 해결하고자 노력해야 한다. 예를 들면 조용한 여유 있는 시간에 부부는 마음에 간직한 진정한 대화를 하고자 노력해야 한다. 과거가 있다면 숨길 것이 아니라 솔직한 심정을 털어놓아 오해를 풀어야 한다. 부부가 변하고 서로의 애정이 회복될 때, G군의 증상도 호전될 것이기 때문이다. 그리고 G군은 아버지에 대한 복수 감정을 풀고 왜 아버지가 자기에게 그렇게 대해야 했는지를 이해해야 하고, 자신은 더 이상 어머니를 보호해야 하는 사람이 아니며 부모에게서 독립해야 한다는 사실을 깨달아야 한다. 몰이해가 병을 만든다.

아들이 점점 난폭해집니다

- 사춘기 폭력 성향

중학교 2학년인 아들과 고등학교 2학년이 되는 딸을 둔 주부입니다. 아들의 성격이 갈수록 난폭하고 폭력적으로 변해서 고민입니다. 그동안 하나밖에 없는 아들이라서 애지중지하여 키웠고, 공부를 열심히 하라고 채근도 했습니다. 그런데 언젠가는 가출하여 일주일씩이나 집에 들어오지 않았고요, 지난 여름 방학 때부터 온순하던 아들이 갑자기 난폭해지기 시작했습니다. 집에 들어오면 말을 안 하고요, 뭘 물어보면 입을 다뭅니다. 제가 워낙 성미가 급한 편이라서 답답한 마음에 너무나 화가 납니다.

부모의 성격과 조부모를 비롯한 가족의 문제 상황, 자라는 환경에 따라 자녀들의 성향이 형성됩니다.

먼저 간략하게 사례 하나를 소개할까 합니다. 졸업을 앞둔 한 대학생이 상담실을 찾아온 적이 있었습니다. 이 학생은 어렸을 때부터 몸이 허약해서 늘 보약을 먹었고 어머니의 보살핌을 받아왔습니다. 몸이 약하다는 이유로 부모님의 과잉보호를 받아온 것입니다. 3형제 중 차남이었고, 경제적 수준은 그럭저럭하는 정도였습니다. 그 학생은 밤이면 불면에 시달리고, 헛된 공상과 망상으로 머리가 온통 혼돈으로 가득하다고 말했습니다. 그 학생은 가정 형편이 어려운데도 언제나 신경 써주는 부모님에게 늘 죄스러움을 느꼈고, 형제들에게는 미안한 감정을 갖고 있었습니다. 그는 부모님이 자신에게 신경을 써주는 만큼 형과 동생에게는 상대적 박탈감을 주게 된다고 자신의 아픈 심정을 토로했습니다. 말하자면 부모와 형제에게서 심한 부담감을 안고 살아온 것입니다. 그래서 그는 늘 훌륭한 인물, 영예로운 인물이 되어 은혜를 보답하겠다는 꿈을 꾸며, 그 꿈에서 벗어나지 못하고 살아왔습니다. 자신이 진 빚을 갚아야겠다는 의무감이 훌륭한 사람이 되어야 한다는 강박 관념으로 자신의 마음을 재촉하게 된 것입니다. 대학 졸업을 하고 남들은 좋은 직장에 취직했다고 하는데, 그는 아직 오라는 데가 없었습니다. 당연히 그는 심한 불안에 시달려야 했습니다. 소위 일류 직장에 취직하여 부모님과 형제들에게 진 빚을 조금이나마 덜어주고 싶었는데, 현실이 뜻대로 따라주질 않았습니다. 그는 현실에 대한 적응력이 없었던 것입니다. 그래서 그의 마음은 불안에 휩싸이기 시작하여 밤에는 불면에 시달렸고, 부처와 예수 같은 성인이 되겠다는 헛된 망상에 사로잡혔습니다. 그리고 평상시에는 남들 앞에 서는 것이 두려워서, 언젠가는 버스 안에서 모든 사람들이 자신을 보는 것 같아 떨리고 두려운 마음에 현기증과 식은땀으로 온몸이 젖었다고 말했습니다.

어린 시절부터 계속되어 온 부모님의 과잉 신경과 과잉보호가 이 학생에게 늘 부담으로 다가와 그의 마음을 지배했고, 급기야 그 무거운 짐을 감당하지 못하게 되니까 심한 죄책감에 시달리게 된 것입니다. 그래서 다른 사람들이 자기를 비난하고 힐책할 것이라는 망상에 사로잡혔던 것입니다. 남 앞에 서는 것이 두렵다는 그의 말은 바로 그런 자신의 죄책 감정을 뜻합니다.

자녀가 애지중지 보호받으며 계속 과잉보호, 과잉 신경, 과잉 간섭에 시달리게 되면, 이 학생과 비슷한 과정을 밟지 않는다는 보장이 없습니다. 사람이 성장하면서 부모님이나 주위 사람들로부터 과잉 신경, 과잉보호, 과잉 간섭을 받게 되면, 자신의 무게 중심을 자기 자신에게 두지 못하고, 부모나 주위 사람들의 눈치와 시선에 고정시키면서 생활하는 습관이 무의식적으로 진행됩니다. 그렇게 되면 아이는 <진정한 자기>를 서서히 잃게 됩니다. 그 순간 아이의 마음속에 자기를 잃게 된 것은 과잉 간섭, 과잉보호를 한 부모님 때문이라는 불만이 가득 차게 됩니다. 그 불만은 거짓말이나 폭력, 가출, 비행으로 연결됩니다. 우리는 흔히 자기 자신의 못마땅한 점을 발견하면, 이렇게 만든 부모를 원망하는 말들을 주위에서 많이 듣지 않습니까?

인간의 발달 심리 과정에서 초등학교 시절, 사춘기 전까지는 잠복기이기 때문에 그런 욕구 불만이 잠복해 있다가, 사춘기가 되면 그동안 억눌러왔던 불만들이 걷잡을 수 없이 표출됩니다.

아시다시피 사춘기는 위기와 고비의 시기입니다. 급격한 신체적, 심리적 변화에 적응해야 할 뿐만 아니라, 학업이나 진로, 친구관계, 이성 관계, 자아 정체성에 대한 고민, 여러 콤플렉스 등 스트레스가 많은 혼돈의 시기입니다. 이런 변화와 혼돈, 해야 할 과업에 직면한 청소년들은 그 많은 문제들을 스스로 해결하는 능력이 부족하고, 주위 부모나 어른들의 기대와 요구에 미치지 못하여 핀잔이나 잔소리를 듣고, 이에 적절히 대처하지 못하면서 많은 문제 행동을 일으키는 경우가 발생합니다. 반항, 엄마 말 무시, PC와 휴대폰 남용, 늦잠, 가출, 폭력성, 학교 무단결석, 학교 폭력, 술, 담배, 성도착, 심하면 절도, 성폭행, 강도 등의 비행과 범죄를 저지르게 됩니다.

그러므로 이제부터라도 아이와 진정한 대화를 시작하세요. 부모님의 잘못이 있으면 아이 앞에서 솔직히 고백해야 합니다. 아이도 자신의 속마음을 털어놓을 것입니다. 대화의 시작은 서로가 마음 편한 상태에서 해야 좋습니다. 최소한 부모님이 자녀의 이야기를 들어주겠다는 다짐을 갖추어야 합니다. 듣는다는 것은 대화의 가장 기본이지만 쉬운 일은 아닙니다. 잘 듣는다는 것은 매우 적극적인 과정이며 상대를 존중하는 기본 예의입니다. 진정한 대화를 위해 감정과 잡념을 없애고 자녀에게만 집중하고 자녀의 입장을 잘 이해하고 인정해주어야 합니다. 편견 없이 꾸준히 이야기만 잘 들어주어도 자녀는 변화될 것입니다. 대화는 자신의 마음을 털어놓는 식으로 되어야 합니다. 상대방에게 일방적으로 말하는 식은 잔소리밖에 되지 않습니다. 서로의 마음을 전달하는 것이 대화입니다. 대화가 잘 진행될 때, 자녀뿐만 아니라 가정도 건전하고 건강하게 될 것입니다.

인터넷·스마트폰·야동·게임 등 남용 중독 심리

현대 우리는 많은 문제를 안고 살아가고 있다. 가정불화, 실업, 가난, 범죄, 성폭력, 각종 중독(알콜, 마약, 도박, 인터넷·스마트폰), 사회적 소외 등 우리 주위에서 흔히 볼 수 있는 문제들이다. 사회가 급변하고 복잡해지면서 많은 스트레스를 받고 있는 것이다. 스트레스가 많으면 많을수록 좀 더 강한 자극을 찾게 된다. 어떤 사람들은 알콜로, 섹스로, 도박으로, 인터넷·스마트폰으로, 사이비 종교로 현실의 고통으로부터 벗어난 도피 쾌락(주이상스)을 찾으려 한다. 이러한 사람들은 만족을 얻기 위해 점점 더 강렬한 자극을 구하게 되고 그것으로 인해 현실과는 점점 멀어지게 된다. 이런 증상들 중에서 급속하게 퍼진 PC, 스마트폰의 영향으로 인터넷이나 스마트폰에 관련된 집착 증상, 남용 증상, 중독 증상들이 급증하고 있다. 인터넷·스마트폰 증상들과 중독들은 인터넷 및 스마트폰 사용에 대한 강박적 집착, 일단 사용하기 시작하면 끝을 보고야 마는 조절 불능, 통제력 상실, 해로운 결과가 있으리라는 것을 알면서도 강박적으로 사용하는 상태, 현실생활에 지장을 줄 정도의 과다한 사용, 때로는 신체적·정신적 이상 증상, 공격성, 금단현상 등을 말할 수 있다. 대표적인 사례로 인터넷·스마트폰 게임 중독을 말할 수 있다.

    사실 아동청소년·청년들은 조기교육과 PC의 영향으로 세상의 지식은 많이 배웠지만, 자신의 진정한 인성과 마음을 잘 알지 못한다. 자신의 바람과 인성대로 살지 못한다. 그들의 삶은 오히려 학업과 경쟁의 스트레스, 실패와 좌절의 상처들, 부모와의 갈등, 대인 관계의 문제, 무력감과 우울, 억압들, 금지들, 불안들로 감싸여 있다. 그들은 이 모든 부정적 요인들을 감추고 방어하기 위한 가장 손쉬운 방책 중 하나로 인터넷·스마트폰으로 도피하고 스트레스 해소라는 핑계로 그것들을 포장하고 합리화한다. 그렇게 되면 진정한 마음을 덮어버린 도피와 핑계, 겉치레, 합리화가 진심을 삼켜버리고 또 다른 병리를 낳는다.

    어떤 아동청소년은 인터넷 또는 스마트폰을 하지 않으면 불안하고 초조하다고 한다. 하루의 대부분을 인터넷·스마트폰을 하면서 보낸다. 수업시간에도 게임소리와 장면이 맴돈다. 밤새 인터넷을 하고 낮에는 무기력하다. 인터넷·스마트폰에 매달려서 늘 부모와 다투는 등 갈등이 심하다.

    프로이트는 일찍이 중독현상을 최면과 연결 지어 생각했다. 최면은 최면 받는 사람이 최면술사에 정신적으로 의존한다. 우리는 최면현상을 통해서 신체와 심리(정신), 몸과 마음의 연결을 확인한다. 그것을 신체와 심리, 몸과 마음의 상호유대 관계라 한다. 이런 최면 관계는 아기를 키우는 엄마와 아기의 관계 상황과 유사하다. 최면 받는 사람은 최면술사에게 자기를 맡기고 최면술사가 하라는 대로 반수면 상태의 환각에 빠진다. 그것은 마치 꿈의 환각처럼 영상을 보게 되는 것과 같다. 그러므로 최면은 꿈의 정신 기제의 한 형태와 같다. 마약 중독을 비롯한 인터넷 중독 상태도 이와 같은 이치라고 할 수 있다. 인터넷 중독자는 최면술사 대신에 인터넷에 의존하여 꿈의 환각처럼 환상에 빠진다.

    또한 사랑에 빠지는 상태와 최면 상태, 인터넷·스마트폰 게임중독에 빠지는 심리는 매우 유사하다. 사랑받는 대상처럼 최면술사, 인터넷·스마트폰 게임에 대해서도 겸손한 복종과 명령의 추종, 비판의 결여 현상이 나타난다. 하라는 대로, 주어진 프로그램대로 하는 것뿐이다. 최면술사에 대한 환자의 과잉 충성 방식의 유대 관계가 신체에 낯선 중독에 걸리도록 하는 것이다. 중독자에게 인터넷·스마트폰 게임이 최면술사의 역할을 대신한다.

최면 요법을 통해 프로이트가 신경증의 대표 증상인 히스테리 현상을 이론화할 수 있었다면, 우리는 히스테리의 최면 현상을 통해 신경증적 인터넷·스마트폰 중독 증상의 흔적을 알 수 있다. 환상 상태에 있는 인터넷·스마트폰 중독 현상을 말할 수 있는 것이다. 그들은 가상세계의 환상에 사로잡혀 현실인식의 장애 상태에 놓이게 된다. 최면에 빠진 <낯선 육신>, 최면 상태에 빠진 환각적인 상태를 통해 인터넷·스마트폰 게임 중독 상태에서 겪는 자기 자신의 낯선 육신의 모습을 관찰할 수 있다. 수업 중에도 게임 소리가 들린다든지, 잠을 자려 해도 잠은 오지 않고 말똥말똥하게 인터넷·스마트폰 생각이 난다든지, 심지어 화면이 보이고 그 환각의 장면에 빠진다. 인터넷·스마트폰을 하지 않을 때도 하고 있는 듯한 환상을 느끼는 등 이른바 금단현상이다.

그런 인터넷·스마트폰 중독 상태에서는 자신의 <낯선 육신>의 모습이 자기를 지배하면서 자신의 자율적인 의지는 점점 잃어버리게 된다. 인터넷·스마트폰 중독에 빠진 환영 상태의 사람은 환상 상태의 수렁에서 점점 연상 놀이의 과정 속으로 빠져들게 된다. 종국에 가서는 환각 상태들이 중독자의 사고를 파괴하게 된다. 프로이트는 히스테리 연구를 통해 환각 상태들을 상처받은 사건과 그 상처의 상흔인 트라우마 사이에 위치시킨다. 상처받은 사건과 트라우마 사이에서 정신세계는 환각 상태라는 병리적인 증상으로 타협할 수밖에 없었던 것이다. 그것은 마치 히스테리 증상에서 정신적 충격인 트라우마에 대한 기억 연상 작용이 이상한 신체적 반응을 행하게 하는 것과 같다. 말하자면 정신심리적 충격을 받을 때의 감정의 상처를 사건의 인과 관계를 전혀 고려하지 않은 채 그냥 묻어버리고, 이해나 신체적인 표출로 그 충격을 경감시키지 못했기 때문에 그것이 히스테리 증상이라는 고통으로 나타나는 것처럼 환각 상태들의 병리적 증상으로 표출하는 것이다. 그럴 수밖에 없는 것은 그 트라우마들을 정신으로 재현할 수 있는 수단이 없고, 그 수단은 억압되었기 때문일 것이다. 그래서 그 트라우마의 정신적 출구는 신체적인 증상을 동반한 환각 상태들로 표출되는 것이다. 그런 이유로 '에로틱한 육신', '충동적인 육신'이라는 개념이 등장하게 된다.

이제부터 중독의 실체로 다루었던 신체조직의 육체는 사라지고, 정신분석학이 심혈을 기울여 연구하는 새로운 육체, 에로틱한 육신, 충동적인 육신, 언어화된 육신, 정신화된 육신이 등장한다. 이제 육신은 말과 성적으로 존재하게 된다. 상처받은 육신, 트라우마가 어떻게 환각 상태의 에로티즘으로 향유하는지를 알기 위해 라캉의 주이상스(jouissance, 기쁨, 희열, 쾌감)의 개념을 빌리지 않을 수 없다. 우리는 말하는 존재인데, 말하는 존재로서의 우리의 육신은 언어에 종속될 수밖에 없다. 우리의 육신은 유기체로서의 육신이 아니라 심적 에너지로서의 육신, 주이상스의 육신인 것이다. 그러므로 우리는, 주이상스의 존재는 몸 안에 상징적으로 각인되어 있게 된다. 몸은 언어(5감각 언어)에 종속되어 있고, 몸은 말에 의해 감염되어 있기에 결국에 언어를 통해 몸이 주이상스를 느끼는 것이다. 흔한 예로 가수의 음악을 들으면서 전율을 느끼거나 기쁨의 눈물을 흘리는 경우를 들 수 있다. 음악이라는 언어를 통해 몸이 주이상스를 느끼는 것이다. 또한 마약(약물) 중독자들은 시각, 청각, 촉각, 미각, 후각의 공감각 언어의 환각으로 에로티즘의 주이상스 추구에 집착한다. 그러나 이런 주이상스는 중독 주체에게 무의식적으로는 어떤 환각적 쾌감을 느끼게 하지만, 의식적으로는 고통을 겪게 한다. 사실 중독자가 환각 상태에 빠지는 것은 주이상스를 통하여 트라우마의 고통을 완화하기 위함이지만, 반대로 그것은 자아에게 또 다른 고통의 반복이 된다. 그래서 우리는 중독 주체가 겪는 증상은 고통의 완화임과 동시에 고통이라고 말할 수 있다. 그것은 무의식적으로는 고통의 완화이고, 자아에게는 고통인 것이다. 그래서 고통 속에서 발견되는 쾌감, 그 희열을 라캉의 용어로 주이상스라 한다.

정신분석학적 개념으로서의 성은 생식적이거나 생물학적 의미의 성이 아니다. 성은 사랑 충동, 애정 충동의 에너지인 리비도적 삶의 본질적인 표본을 의미한다. 그것은 생식 기관의 성보다 훨씬 더 넓은 개념이다. 입, 항문, 눈, 목소리, 피부에서부터 환타즘에 이르기까지 어떤 즐거움, 쾌감을 일으키는 모든 행위가 성적인 것이다. 인간 생명의 기원은 사랑 충동, 애정 충동, 성 충동의 에너지인 리비도에서 시작된다. 정신심리적 삶 속에 사는 우리는 긴장에서 결코 완전히 자유로울 수 없다. 끊임없는 긴장이, 자극이, 스트레스가 인간 정신심리에, 즉 인간 주체에게 주어진다. 그러면 우리는 긴장과 스트레스로부터 벗어나서 고양된 평온한 정신에 안주하고자 끊임없이 긴장 벗겨버리기, 스트레스 해소하기 활동을 한다. 정신심리는 긴장과 스트레스를 제거하고 평온한 상태에 도달하기를 부단히 애쓰지만 결코 그것의 완전한 제거에 이르지 못한다. 그래서 정신분석학에서 그 고통스러운 긴장 상태, 그 스트레스를 불쾌라 부른다. 피할 수 없는 불쾌의 상태와 대립적인 상태가 있는데 우리는 그것을 최고의 즐거움, 최고의 기쁨, 최고의 만족을 의미하는 말로 '절대쾌 (plaisir absolu)'의 상태, 프랑스의 정신분석학자 라캉의 용어로 '큰타자의 주이상스(jouissance de l'Autre)'라 한다. 절대쾌는 영원한 이상적인 완전한 쾌감, 성 행위 당사자의 완전한 일치를 상징하는 개념이다. 그곳에는 근친상간 이상향이라는 신화적이고 우주적인 형상을 내포한다는 뜻이 담겨 있는 개념이다. 중독자가 꿈꾸는 이런 광기의 이상향은 절대적으로 불가능한 곳이다. 이런 절대쾌의 상태는 정신심리의 긴장 상태의 모든 에너지, 그 모든 스트레스를 즉시 내보내고 스트레스를 완전히 100%로 제거하는 데 성공하면 도래할 테지만 불행하게도 우리의 정신심리 세계는 그렇게 하도록 되어 있지 않다. 우리는 긴장 없이, 스트레스 없이 살 수 없다. 긴장은 곧 삶이요, 다만 긴장을, 스트레스를 부분적으로 해소하고 부분적으로 대체하고 경감하며 살 수밖에 없다. 그런 이유로 절대쾌의 상태는 하나의 가설이요, 가정일 뿐이다.

라캉은 절대쾌에 이르지 못하는 것을 "성관계는 없다(Il n'y a pas de rapport sexuel.)"라는 명제로 풀이한다. 절대적 성관계는 없다는 의미로, 절대적 쾌감을 주는 그런 주이상스는 없다는 말이다. 인간은 태어날 때부터 이미 완전한 만족, 완전한 성적 쾌감이 결여되어 있다. 이를 메울 성적 충동은 부분적으로 나타날 수밖에 없으며, 이 부분 충동, 부분 대상의 실현으로 만족할 뿐이다. 그러나 중독에 빠지면 절대쾌, 절대 만족에 도달하고자 하는 환각의 늪에 점점 깊숙이 빠지게 된다.

어쨌든 불가능한 이상이지만 절대적인 쾌감을 바라는 이런 성향들로부터 신체 성감대라는 표상체가 발생한다. 신체 성감대의 성향들은 불가능한 근친상간, 절대쾌를 대체하는 것으로 외형화된 부분 충동의 대상인 것이다. 이런 성향들을 성 또는 성 충동이라 부른다. 부분 성 충동들은 다형적 형태를 띤다. 앞에서 <꼬마 한스> 사례에서 살펴본 것처럼 어린아이들도 지극히 일찍부터 성 쾌감, 즉 즐거움의 환희에 눈뜬다는 것을 알 수 있다.

사실 어린 시절에 여러 부위의 성감대―모든 신체가 성감대가 될 수 있다―의 자극으로 행해지는 성적 충동의 원리는 후에 어른의 성행위와 비교하여 다를 바가 없다. 가령 구순 단계에서의 어린아이의 젖 빨기의 쾌감은 나르시시즘의 쾌감, 자아도취적 쾌감을 갖는다. 이 쾌감은 엄마가 부재할 때 이불 빨기, 손가락 빨기, 장난감 빨기 등으로 대체되고, 그것은 다시 음주, 흡연, 키스로 연속된다. 게임 중독이 주는 쾌감이나 인터넷·스마트폰상의 성적 음란물, 마약 중독 등이 주는 자아도취적 쾌감, 나르시시즘은 이런 구순적 성애의 한 형태의 퇴행이라 할 수 있다. 말하자면 이런 환희, 희열, 주이상스가 바로 성애의 특성이라는 사실을 부인할 수 없다. 때문에 중독자들의 환각상태는 나르시시즘적 자아도취애의 쾌락 추구라 할 수 있다.

이런 구순기의 성적인 쾌감을 배고픔을 충족시키는 포만감과 혼동하지 말아야 한다. 물론 성 쾌감과 포만감은 서로 연합된 채 머물지만, 구순 성애의 쾌감은 생리적인 욕구 외에 자기 자신을 위해 스스로 찾게 된 쾌감이 된다. 주체는 배고픔에 대한 느낌과는 별도로 구순 쾌감을 갖는데, 그것은 성감대 주위에 집중된 성적인 쾌감으로, 유기체적인 쾌감과는 매우 구별되며 환상화된 대상의 매개 덕분으로 얻어지는 것이다.

여기서 우리는 인간의 발달과 성숙에서 사랑을 능가하는 어떤 객관적인 기준은 없다는 것을 알 수 있다. 사랑이 바로 개인의 행동 반응을 가늠하는 척도라는 사실인 것이다.

인터넷·스마트폰 중독 증상은 근본적으로 나르시시즘적 쾌감 추구로의 퇴행이다. 입안으로 가져온 상상적 대상에 대해서 쾌감을 느끼는 것처럼, 사이버상에 펼쳐진 대상은 환상화된 상상적 대상이다. 구순애에서 대상을 통한 환상화된 자기만족, 자아도취애를 즐기는 것처럼 중독자들도 환상화된 자기만족, 자아도취애, 나르시시즘을 즐긴다.

인터넷·스마트폰 중독의 나르시시즘은 사이버의 환영 속에서 자기 자신만을 사랑할 뿐이다. 해소할 다른 일, 다른 방도에 관한 출구가 없기 때문에 그들의 나르시시즘은 게임이라라는 환영을 통해, 사이버 환상을 통해 자기만족을 찾는 것이다. 그리스의 <나르시스 신화>에서 에코는 나르시스를 즐겁게 하지 못한다. 그런데 나르시스는 다른 이를 찾는 것이 아니라, 우물, 즉 거울에 비친 그 자신의 영상 속으로 피해버린다. 마찬가지로 중독자 개개인은 자기 자신의 영상 속으로 빠진다. 그들은 다시 한 번 가치 있는 모험을 해볼 만큼의 자신감을 상실한 채 주어진 자리에 머물러 있을 뿐이다. 그들은 트라우마와 상처, 무기력, 죄책감, 열등감 등으로 창의성과 자신감을 상실했기에 자아도취애의 거울을 보았던 지난번의 모습으로 반복해서 되돌아오는, 계속되는 중독의 삶을 살게 된다.

오늘날 아동·청소년·청년의 인터넷·스마트폰 중독자들은 성숙하고, 발달하며, 건전해지기 위한 채비와 노력을 하지 않는 것 같다. 정말이지 그들이 인생의 목표를 향해 갈 때 부딪치는 난관과 장애물을 넘고자 하는 의욕과 의지를 보이지 않고 사전 대비책도 강구하지 않는다면 어린 시절 엄마 품 안에 안주해 있는 아기처럼 중독이라는 덫에서 헤어나지 못할 것이다. 그리고 그들은 인터넷·스마트폰에서 자신의 모든 욕망의 대상을 발견하려고 하게 될 것이다. 결국 그들은 중독증상이라는 병 증후군 속에서 고통을 겪게 될 것이다.

인터넷·스마트폰 야동에 집착하는 어떤 청소년을 가정해 보자. 그들은 어떤 절망과 진퇴유곡의 곤경에 빠져 있다. 인터넷·스마트폰 야동에 빠진 행위는 다른 사람에 대한 정복을 상상적으로 행하는 것이다. 이런 환각 행위는 어떤 환상을 통해 상상 속에서 상대를 찾아 즐기고 싶다는 뜻이다. 어떤 형태가 되었든지 환각을 통한 주이상스가 사라지게 되면, 상대방과 교감하고 관계를 맺고자 하는 바람이 더 이상 없게 된다. 이유는 내부에서 홀로 이미 상상적 쾌감을 느꼈기 때문이다. 반면에 그들의 욕망은 환각 속에서의 만족이기 때문에 그들은 현실에서 상대와 교감하고 관계 맺는 것에 너무도 연약하고 허약하다. 그들은 친구와 이성, 이웃을 사귀는 등 상대를 찾는 것에 당당하게 맞서지 못한다. 단지 야동에 만끽하며 환각으로 투사된 이성 상대와 상상 속에서 즐기며 꿈을 꿀 뿐이다. 부모로부터 독립, 분리되기 전 부모와 애정 접촉을 했었던 최초의 경험을 상상하는 쾌감이다. 야동에 빠지면 상대와의 건전한 교제와 경험은 아예 안중에도 없고, 다만 야동에 빠지는 것처럼 상상 속에서 성을 물신 숭배 대상, 절편음란 대상으로 섬기는 도착행위를 하게 된다.

우리는 종종 젖 뗀 후에도 계속 손가락을 빨면서 젖 빨던 행위를 즐기는 아이들을 본다. 아이는 어머니 육체에 접촉해서 느꼈던 즐거움의 환상이 그리워서 몇 시간이고 자기 손가락을 빠는 것이다. 인터넷·스마트폰 및 야동을 통해서도 마찬가지의 환상을 즐기는 것 같다. 근원적 어머니 품 안의 즐거움이 인간 서로 간에 호감 있는 언어와 놀이, 소통 등으로 대체되지 않았다는 의미일 수 있다. 인간은 주위에서 만나는 사람과 마음을 교환하고, 애정을 표현하며, 상대방의 애정 표현에 응답하면서 어머니로부터 차츰 독립해 나가고, 다른 사람과 관계를 맺으며 자아이상을 실현해 가고 사회화를 지향해 가야 한다.

그것은 라캉의 용어로 상징계로의 진입을 의미한다. 상징계에서는 영원한 만족이란 없다. 결핍과 분리는 인간의 운명이다. 결핍의 완전한 충족, 절대쾌가 없기에 상징계는 결핍을 배척한다. 어떠한 의미도 결국 불충분하다는 원초적 상실의 경험을 덮기 위해 인간 주체는 의미를 갖는 모든 것을 상징화한다. 말하자면 인간은 존재와 의미를 모두 가질 수가 없기에, 완전한 존재, 절대쾌를 가질 수가 없기에 의미를 선택할 수밖에 없는 운명에 놓인다. 의미를 선택하면 물론 존재(절대쾌)는 사라지지만 인간 주체는 살아남는다. 존재를 선택하면 의미가 사라지기 때문에 그것은 더 이상 인간이 아니다. 대신 인간은 존재의 결핍, 부족, 빈자리을 메우기 위해 욕망하는 것이다. 언제나 충족되지 않은 잔여, 잉여가 우리를 계속 욕망하게 한다.

절대쾌의 관계를 분리시키는 모든 것들이 거세로 작용한다. 거세라는 말은, 한 인간 존재가 자신이 원하는 대로 자신의 욕망을 성취하려는 것에 대해 법이 금지할 때 겪는 시련 과정이다. 즉 상징적 분리의 시련이다. 중독자들은 지속되는 환각 속에서 고통을 겪고, 사회생활, 문화생활 같은 다른 것에 에너지를 유용하지 못하는 것에 대한 상실감과 열등감 속에서 또한 고통을 겪는다. 그러므로 인터넷·스마트폰 중독자들은 거세 공포의 시련 속에서 소외와 고독의 고통을 겪고 있는 것이므로 죄책감을 벗어버리고, 삶의 여정을 이해하도록 도와주어야 한다.

우리 인간은 오케스트라 단원이다. 우리들 각자는 어떤 공동체 사회에 소속되어 있다. 그리고 그 문화, 그 사회에 자신의 인생을 수락해서 현재 살고 있는 것이므로 우리는 어떤 진실 속에 살고 있는 것이다. 이 진실은 다른 사람과의 조화로 입증될 수밖에 없다. 그러므로 우리는 공동체 세계 속에서 성실하게 살 수밖에 없다. 성실하고 성숙한 가족 구성원의 영향 아래에서, 공동체 문화를 튼튼하게 하는 믿음직한 어른들에게 가르침을 배우고, 그 가르침의 교훈들이 아이들의 마음속에 깊이 뿌리내린 결과로 형성된 윤리관과 그 가치는 단순한 지식과 학업 성적 그리고 성공만으로 평가되지 않는다. 개성을 신장시키기 위해 인내를 기르고, 각자의 주어진 일에 대한 자신감과 용기를 터득하며, 절대로 모방과 경쟁과 적대감을 가치화하지 말고, 각자에게 주어진 창의성과 자유를 창출하며, 국가와 인류가 살기 위한 재화의 건전한 상 윤리관을 갖는 것이야말로 우리가 다함께 추구할 길이요, 또한 그것은 지구촌 공동체가 함께 공존 공영하기 위한 최대의 덕목인 것이다.

17

딸아이가 말을 못해요

- 자폐 증후군

> 두 아이의 엄마입니다. 큰 아이가 다섯 살 된 딸아이고, 둘째는 두 살 된 남자
> 아이입니다. 그런데 딸아이가 유아원과 유치원에 적응을 못해서 걱정입니다. 유
> 아원 때에도 선생님으로부터 말을 잘 못한다는 말을 듣기는 했지만 좀 더 지나
> 면 잘하겠거니 했는데, 지금도 마찬가지입니다. 유치원 선생님은 자폐 증세가
> 있는 것 같다며 병원에 가보라고 하는데, 믿어지지가 않습니다. 자폐증이 무엇
> 인지 그리고 어떤 증세를 보이는지 궁금합니다.

태어나면서부터 또는 어릴 때부터 신체 기관에서 전혀 이상이 없는
데, 사람들과 정상적인 의사소통을 못 하고, 이상 행동을 반복하는 어떤
어린이에게 나타나는 증후군이 있습니다. 이른바 자폐증이라고 하는 증
후군입니다.

자폐 증후군 아이의 특징을 몇 가지 살펴봅니다.

그들은 지극히 고립되어 있습니다. 주위에서 형이나 동생, 누나가
놀고, 활동하는데도 몇 시간 동안이고 별 움직임 없이 혼자 그냥 있을
수 있습니다. 어떤 임상 발표에서 알베르토라는 어린이는 다른 형제, 자

매들이 집안에서 모두 잘 놀고 활동하는 동안 마치 생물이 아닌 사물처럼 부엌 바닥에 몇 시간이고 누워 있었다고 관찰 결과를 보고했습니다. 또 다른 특징으로 자폐아는 머리, 몸통, 팔, 다리 등으로 비정상적인 운동을 하는 것을 목격할 수 있습니다. 이를테면 손으로 나비가 나는 흉내를 계속 반복한다든지, 계속 동그라미를 그리면서 바퀴 굴러가는 모습을 모방한다든지 하는 것입니다. 잠도 보통은 조용히 자지만, 주의 깊게 관찰해 보면 눈을 뜨고 자는 경우가 많습니다. 혼자서는 음식을 먹지 못해 언제나 먹여주어야 하고, 가끔 아주 고집스럽게 입을 다물고 있을 때가 많으며, 음식을 주면 집어던져 버리기 일쑤입니다.

또 하나의 특징은 자폐아의 시선입니다. 다른 사람이 관심을 가지고 접근하거나 얼굴을 쳐다보면, 자폐아는 그와 눈을 맞추지 않습니다. 구석진 곳으로 시선을 돌리거나 두 눈동자가 한곳에 집중하지 않고, 제각기 다른 방향으로 돌아가는 경우도 있습니다. 그래서 그것을 보는 사람에게는 두려운 감정을 불러일으키기도 합니다. 말하자면 다른 사람과의 소통과 스킨십, 접촉을 단절하고 있는 것입니다.

자폐아는 주위의 소리들에 관심이 없습니다. 아무리 소리쳐도 아무것도 못 들은 것처럼 반응이 없습니다. 그래서 가끔 듣지 못하고 말을 못한다고 하여 청각장애라고 잘못 진단되는 일이 있습니다. 자폐아는 귀머거리가 아닙니다. 평범한 소리를 듣다가 갑자기 속삭이는 소리를 들으면 무의식적으로 어떤 반응을 보입니다. 또 소리 나는 쪽으로 갑자기 고개를 돌린다든지, 소리 때문에 소스라치게 놀라기도 합니다. 또 몇 미터 전방에서 성냥불을 켜면, 그 소리에 반응을 보이는 등으로 보아서 절대로 청각장애는 아닙니다.

이들은 분명히 말을 못하고 일반 사람들과 의사소통을 하지 못합니다. 그러나 자폐아만의 내부 의사소통 수단이 있습니다. 특히 가장 친근한 사람인 어머니와는 말이 아닌 어떤 몸짓으로 의사소통을 할 수 있습니다. 종종 어머니의 신체, 특히 어머니의 손을 이용하여 자기가 바라는 바를 하게 합니다. 이런 점에 착안하여 유럽의 자폐아 전문 심리분석가는 자폐아의 치유에 도전했고, 많은 효과를 거두고 있습니다. 그 대표적인 사람이 프랑스 심리분석가이자 소아과의사인 돌토(F. Dolto, 1908 –1988) 입니다. 돌토는 많은 자폐증 어린이들을 심리분석으로 치료를 했습니다. 가령 '생후 5개월에 자폐증에 들어간 세바스찬' 사례와 단행본으로 출간된 『도미니크 사례』는 유명한 자폐아 치료 사례입니다. 돌토에 의하면 생후 5개월이 중요하다고 합니다. 젖떼기가 막 끝난 시점이 자폐증을 일으키기에 가장 쉬운 시기이며, 아이와 엄마의 갑작스런 분리와 그동안의 안전하던 공간에서 분리되는 일이 가장 많이 일어나는 시기이기 때문입니다. 아무 설명이나 이해를 거치지 않은 갑작스러운 엄마의 상실, 욕망의 상실, 아기의 요람과 같은 친근한 환경을 잃어버린 경우 아기는 심적 상처, 트라우마를 겪게 되고, 심한 충격에 아이는 말문을 닫고 의사소통을 폐쇄시켜 버리면서 자폐증으로 떨어지게 될 수 있습니다.

돌토 여사가 치료한 제라르라는 아이가 있었습니다. 그 아이는 홀어머니 밑에서 자란 외아들입니다. 미혼모인 아이의 어머니는 양재사였는데, 좁은 방안에서 재봉틀로 조끼를 만들었습니다. 제라르가 에콜(우리의 어린이집 유치원에 해당)에 들어갈 때까지 엄마는 아이가 정신 발달에 문제가 있는 것을 눈치 채지 못했습니다. 아이가 정상인 줄 알았습니다. 일상생활에 필요한 사소한 일을 행하는 데 별 문제없었고, 나머지 시간에는 엄마가 일하는 모습을 보면서 조용히 있었습니다. 엄마는 시간이 많지 않아서 식사 때에만 아이에게 몇 마디 말을 걸곤 했지만, 아이는 결코 말하지 않았다고 합니다.

에콜에 다니기 시작하면서 제라르는 증상을 드러내게 됩니다. 말을 전혀 하지 않았고, 다른 사람들 앞에서 겁을 먹었습니다. 그러던 몇 달 후 아이는 적응 장애아로 취급당합니다. 집에서는 볼 수 없었던 어떤 이상 행동을 강박적으로 반복하는 것입니다. 오른팔을 빙글빙글 돌리고 동시에 왼손은 수평으로 좌우로 왔다 갔다 하는 행동을 반복합니다. 가끔 왼팔로 어떤 물건을 몸에 붙이고 위아래로 움직이기를 반복합니다.

심리분석가 돌토 여사는 아이가 낯선 곳인 에콜에서의 두려움과 불안 때문에 재봉틀에 앉아 재봉질하는 엄마의 모습을 강박적 이상 행동으로 상징화하여 표출하고 있다고 판단했습니다. 에콜에서는 엄마와의 관계 같은 유쾌한 경험을 전혀 가질 수 없었기 때문에 그 불안과 두려움을 엄마와 동일시로 퇴행한 것입니다. 즉 오이디푸스를 통과하지 못해서 엄마와의 동일시 관계로 퇴행하는 행위를 엄마의 재봉질 모습으로 자기 나름의 방식으로 흉내 내고 있는 것입니다. 제라르 자신이 재봉틀이 되어 재봉틀과 똑같은 모사를 하면서 엄마와 동일시를 하는 것입니다. 엄마의 부분 대상―재봉틀이 바로 제라르 자신이 되어 조끼의 생산자가 됩니다. 아이에게 조끼는 힘의 약속입니다. 왜냐하면 엄마는 아이가 보는 앞에서 일주일 동안 만든 조끼들을 주고 돈을 받았기 때문입니다.

제라르의 강박적 이상 행동은 엄마가 재봉틀에 말을 거는 언어의 상징화이고, 동시에 엄마의 타자인 재봉틀과의 동일시입니다. 재봉틀이 움직이면서 조끼를 계속 생산해내는데 그 덕분에 일이 끝나면 마침내 아이는 자기가 엄마를 소유할 수 있게 됩니다. 제라르는 엄마와의 관계가 없는 무의미한 에콜 생활, 무의미한 사회생활로부터 자신을 방어하고 지키기 위해 자폐증을 앓고 있었던 것입니다. 보통 아이는 엄마와의 동일시를 벗어나서 아버지 법, 사회적 규칙, 사회생활, 언어와 동일시하면서 오이디푸스를 통과하는 것인데, 그렇게 하지 못하고 대신 자신이 재봉틀인 것처럼 행동하면서 엄마와의 동일시 상태로 퇴행하고 있었던 것입니다.

결국 돌토 여사는 제라르의 정신심리 상태를 정확히 분석했고, 제라르는 자폐증에서 완전히 벗어날 수 있었습니다. 돌토 여사는 엄마와 아이와 여러 번 상담을 하면서 아이의 이상 행동의 속뜻을 말로 잘 설명해주었고, 아이는 자신의 속마음을 이해할 수 있게 되면서 아이의 강박적 이상 행동이 사라진 것입니다.

물론 자폐증 아이의 치료를 위해서는 아이의 무의식 심리를 잘 이해하고 치료하는 유능한 심리분석가의 도움이 중요하지만, 국가, 지방자치단체 또는 관심 있는 사람들의 많은 지원과 뒷받침 아래에서 가능하다고 생각합니다. 치매를 둔 가정처럼 자폐아를 둔 가정에서 스스로 해결할 수 없는 한계가 있기 때문입니다. 어쨌든 자폐아의 내부 심리, 자폐아의 행동, 자폐아의 언어를 이해하고 밝힐 수 있다면, 그와 의사소통이 가능하게 될 것이고, 의사소통이 가능하게 된다는 것은 치료도 가능하다는 말이 됩니다. 사실 자폐아들은 한 살 배기가 옹알거리듯이 가끔 말을 던집니다. 그러고는 더 이상 말을 원하지 않는 것처럼 자기가 뱉은 한마디를 이어가거나 이용하지는 못합니다. 덜 심한 자폐아의 경우에는 물론 앵무새처럼 따라하는 말이지만 제법 말도 잘 따라하는 경우가 있습니다. 이처럼 자폐아 자신의 내부 언어가 있다는 것은, 그에게 말이 없다는 의미가 아니라 말은 있는데 어떤 이유에선가 말을 거부한다는 의미입니다. 사실 자폐아에 대한 많은 임상 결과, 자폐아는 외부로부터 받은 정신적인 충격들, 그 트라우마 때문에 자신을 자기 스스로 안에 가두어 걸어 잠갔음이 많은 임상 사례를 통해 밝혀졌습니다. 예를 들면 아무 이해 없이 아이의 환경이 잔혹하게 바뀐다든지, 어머니 자신의 심한 정신 질환이나 신경증을 아이에게 투사시킨 경우라든지, 아이에게 너무 심한 폭력을 가하여 아이가 정신심리적 충격을 받은 경우를 상정해 볼 수 있습니다. 정신심리적 충격, 그 트라우마는 현실을 이해하고 현실과 의사소통해 가야 하는 어린 아기에게 현실을 더 이상 이해할 수 없고 받아들일 수 없으며, 더 이상 견딜 수 없는 아픔과 고통을 줍니다. 그래서 아이는 주위와 의사소통을 단절하고 자폐라는 자기 혼자만의 울타리 안에 갇혀서 그 속에서 자기 환각의 삶을 살 수밖에 없는 것입니다.

남을 너무 의식해서 힘들어요

- 시선 불안

이십 대의 직장 여성입니다. 대학교를 졸업하고 직장에 취직을 했는데 적응하기가 너무 힘듭니다. 제가 남을 너무 의식하는 것 같습니다. 직장 상사나 남자들이 일거수일투족을 감시하는 것 같아서 그것에 신경 쓰는 데 하루를 다 보냅니다. 당연히 일은 일대로 제대로 못합니다. 하루에도 몇 번씩 직장을 그만둘까 생각해 봅니다. 남들은 제가 얌전하고 성실하다고 하는데요, 사실은 얌전한 것이 아니라 남의 얼굴을 쳐다볼 수 없기 때문에 그렇게 묵묵히 일만 하는 것입니다.

저희 가족은 4남매로 위로 오빠, 언니, 밑으로 남동생이 있습니다. 아버지는 가부장적 질서를 주장하는 독선적인 성격을 가졌고 남자를 선호합니다. 자라면서 여자는 얌전해야 한다는 아버지의 엄격한 교육을 받아 말 한마디 제대로 아버지와 한 적이 없습니다. 제게 어떤 문제가 있는 것일까요?

우리 인간의 내면과 겉으로 드러나는 생각은 일치하지 않는 경우가 많습니다. 냉정하게 생각해 보면 본인도 자신이 과도하게 남을 의식하고 있다는 것을 알고 있습니다. 남을 의식하지 말아야 한다고 생각하고 그러지 않으려고 하는데도 어느새 또 남을 의식하곤 합니다. 내면의 마음이 겉으로 드러나는 생각을 지배하기 때문입니다. 그 내면의 마음은 어느 날 갑자기 생긴 것이 아닙니다. 사람들 개개인이 어린 시절의 성장 과정에서 주위 환경의 영향을 받으며 차츰차츰 형성된 것입니다.

당신도 성장 과정의 가정환경, 특히 아버지의 영향을 많이 받은 것 같습니다. 아버지는 남아를 선호하셨고, 매우 권위주의적이고 완고한 성격이라고 했습니다. 물론 아버지도 태어날 때부터 그런 성격을 가진 것은 아니었을 겁니다. 전통적 유교주의 관습을 은연중에 이어받은 것이지요. 그러니까 우선 아버지가 그런 성격을 가질 수밖에 없었던 것을 이해해야 합니다.

아버지 세대는 전통을 중시하여 상하 예의범절과 질서, 그리고 남녀 간의 구별을 강조한다는 것을 잘 알고 있을 겁니다. 그런데 오늘날에는 새로운 가치관이 형성되고 있습니다. 그에 따라 기존의 가부장적이고 수직적 질서가 수평적이고 평등한 관계로 개편되고 있습니다. 남녀불평등, 형제자매서열, 위와 아래 위계질서가 자율적이고 개방적이며 솔직하고, 개성과 다양성과 차이를 존중하는 합리적이고 민주적인 방식으로 변화되고 있습니다. 당연히 기성세대와 새로운 세대 간에 커다란 틈이 생기게 됩니다. 그래서 세대 간의 갈등이 발생합니다.

사실 가정에서 절대적 권위를 휘두르는 아버지는 가정에 독재자가 되어 자녀들이 견디기 힘든 생활 방식을 강요하는 경우가 많습니다. 또한 딸들에게는 잘 보호하고 안전을 지켜주어야 한다는 구실로 과잉 간섭을 하면서 아버지 자신의 근심과 우려를 표출합니다. 말 잘 들어라. 차 조심해라. 공부 잘해라. 낯선 남자 조심해라. 멀리 가지마라. 일찍 들어와라. 치한 조심해라. 남자 조심해라. 친구 잘 사귀어라. 왕따 조심해라. 얌전해라. 거의 자동적으로 끊임없이 반복하여 말합니다. 또 아들을 선호하는 까닭에 딸들에게는 아들이 야단맞아야 할 것을 대신 꾸중을 듣는다든지 하는 식의 부당한 대접을 받는 일도 생기게 됩니다. 위로 오빠, 언니, 아래로 남동생 사이에 끼여 얼마나 많이 억울한 일을 겪었겠습니까? 이 모든 것들이 타인의 시선에 대한 불안을 만든 원인이 된 것입니다. 직장 상사가 일거수일투족을 감시하는 것 같다는 것은 그동안 겪어왔던 아버지의 과잉 간섭들이 직장상사로 대체되어 나타난 것입니다. 아버지처럼 직장상사가 그렇게 감시하고 간섭하는 것으로 착각하게 됩니다. 어린 시절 자라면서 겪은 심적 상흔들은 나중에 어른이 되어 나타나는 경우가 많습니다. 특히 20대에 직장과 어떤 모임, 단체 생활 등 새로운 환경에 접했을 때 많이 나타납니다.

계속 이렇게 부모의 과잉 간섭 상황에서 자라면 자신의 무게 중심을 자신의 내면, 자신의 생각에 두지 못하고 부모의 권위에 맞추고, 부모 눈치 보는 현상이 점진적이고 무의식적으로 진행됩니다. 모든 기준이 부모, 즉 외부에 있고 자신의 욕망은 사라집니다. 선악과 좋아하고 싫어함, 바람직한 것과 그렇지 못한 것, 즐길 수 있는 것과 삼가야 할 것, 해야 할 것과 말아야 할 것, 물건 선택, 친구 선택, 이성 선택 등에 대한 판단이 자기 외부로부터 이루어지고, 또 외부에만 머물러 있게 됩니다. 그러면 더 이상 자기 문제를 스스로 판단할 수 있는 사람이 되지 못합니다. 스스로를 땅 속에 묻어버리고, 의무적인 기준, 남의 기준에 따라 행동하고 항상 남의 시선을 의식하는 식으로 환상에서 살게 됩니다. 만약 남의 기준에, 타인의 기대에 어긋나는 행위를 한다면 잘못했다는 죄책감을 갖게 됩니다. 그 죄책감은 불안을 낳습니다. 그래서 더욱 남의 기준, 외부의 기준에 따라 행하고 복종하고서는, 속으로는 무의식적으로는 싫어하면서 힘들어하는 시선 불안의 증후군을 겪게 됩니다.

이제부터 남들의 시선으로부터 벗어나 자유로워져야 합니다. 사람은 어떤 갈등에 직면하여 그 갈등 해결의 실마리를 찾기 위해 노력하면 할수록 그만큼 힘을 얻고 해결의 열매를 맺게 됩니다. 그동안 해오던 습관들, 타성들, 의존성들에서 진정으로 벗어나야 합니다. 속마음과 겉으로 표출하는 행위의 괴리를 좁혀가야 합니다. 타인의 기대, 타인의 시선, 타인의 바람이 아니라 나의 욕망, 나의 시각, 나의 바람을 찾고 발견해야 합니다. 자신의 속마음을 있는 그대로 잘 분석해서 내면에서 울리는 욕망의 음성을 듣고 내가 원하는 바를 실행해 옮겨 보세요. 내 인생의 체험, 내 욕망의 체험은 내게 힘을 줄 것이고 자신감을 줄 것입니다.

인생은 어느 누구의 종속물이 아닌데

- 가정 주부의 우울증

주부입니다. 애들도 다 컸고, 남편도 저를 매우 아끼며, 가정도 그런대로 괜찮은 아주 평범한 가정입니다. 그런데 몇 년 전부터 몸이 늘 좋지 않아서 집에서 앓고 있습니다. 관절염에라도 걸린 것처럼 온몸이 쑤시고 아픕니다. 매사에 의욕이 없고 사람 만나는 것이 두렵고 자신이 없어서 늘 집에만 있습니다. 이런 나의 모습이 남편과 애들한테 미안해서 시골 같은 아주 조용한 곳에서 살고 싶습니다. 병원에서는 아무 이상이 없다고 합니다. 같은 또래인데도 꽃꽂이, 서예, 그림, 음악 따위를 배운다고 열성을 내는 주위 사람들이 부럽기만 합니다. 저는 맏딸인데요, 돌아가신 친정아버지 모습이 자주 떠오릅니다. 아버지께서는 일제강점기 때 일본 유학을 다녀온 지식인이셨지만 세상을 한탄하며 항상 〈죽고 싶다〉고 하셨고, 아파서 늘 집에 누워 계셨습니다. 친정어머니께서 말할 수 없는 고생을 하며 저희 가족의 생계를 꾸렸습니다. 그때마다 저는 맏딸로서 열심히 살아 성공하여 부모님을 행복하게 해주겠다고 생각하곤 했습니다 제 어린 시절의 가족과 현재의 저는 어떤 연관성이 있는 것일까요? 내가 왜 이렇게 무기력한지 이해할 수 없습니다.

일제강점기 때의 삶을 오늘날의 삶과 비교해 보면 정말 끔찍할 것입니다. 친정아버지께서 일본 유학을 한 지식인이라고 했습니다. 당시

지식인들은 일제강점기 시대의 무단 통치가 자행한 혹독한 수탈과 탄압 밑에서 살았습니다. 3·1운동의 결과, 일제의 통치 정책이 문화 정책으로 바뀌었다고 하지만 겨우 숨통이 트였을 뿐입니다. 그래서 지식인들은 문인이 되어 글로 한을 풀게 됩니다. 그러나 일제는 그 한도 풀지 못하도록 언어, 문화, 사상, 언론까지 탄압했다는 것은 너무나 잘 알고 있는 사실입니다. 이러한 탄압 밑에서 많은 지식인들은 독립운동을 하고, 감옥가고, 안중근 의사처럼 죽음으로써 항거하고 투쟁했습니다. 친정아버지께서도 그런 환경에 처해 있었던 것입니다. 친정아버지께서 세상을 한탄하며 항상 <죽고 싶다>고 하셨다고 했지요. 그것이 병이 되어 집에서 늘 앓았다고 했습니다. 삶의 혹독한 절망에 부딪혔으니 병을 갖지 않을 수 없었겠지요. 친정아버지께서 앓던 병을 당신이 지금 그대로 모방하고 있습니다. 바로 우울증입니다.

병원에 가서 진찰하면 특별한 이상이 없는데, 몸이 무겁고 힘이 없으며 우울하고 신경통에 걸린 것처럼 온몸이 쑤신다는 사람들이 있습니다. 당신도 매사에 의욕이 없고 다른 이들처럼 활기 있게 살고 싶은데, 몸이 말을 안 듣는다고 했습니다. 그래서 아이와 남편에 대한 죄책감으로 현실을 벗어나 조용한 곳에서 살고 싶다는 현실 도피적인 좌절의 경향을 보이는 것입니다. 이는 우울증입니다. 우울증은 실패와 좌절의 연속으로 인한 고통, 슬픈 감정, 죄책감, 자기 멸시, 걱정과 불안 상태를 초래하며, 불면증, 성욕과 식욕의 감퇴, 소화 불량 또는 과식으로 인한 비만을 낳습니다. 때로는 신경통, 관절염과 같은 심신증을 동반할 수도 있습니다.

우울증은 사랑하는 사람을 잃은 상실감 때문에 겪는 고통과 같은데, 그 상실이 육체적 죽음에 대한 것이라기보다는 자신의 내면적 마음속에 투입된 죽음을 의미합니다. 또한 우울증은 사랑했던 대상의 상실, 부모님, 남편 또는 자식을 졸지에 잃었다든지, 즉 사랑했던 대상을 포기하고 잊어버려야 한다는 정신적으로 괴로운 상태의 모습을 띨 수도 있습니다. 그것은 사랑했던 대상의 상실을 바로 자기 자신의 상실로 연결시켜 생각하기 때문입니다. 김일성, 김정일이 죽었을 때, 북한 주민들이 마치 자기가 죽기라도 한 것처럼 집단 우울증에 빠졌던 것을 기억할 수 있을 것입니다. 그동안 북한 주민들은 자기가 없었고 오직 김일성 수령, 김정일 동지가 자기라고 생각하고 살았을 테니까요. 김일성, 김정일이 죽은 것은 바로 자기가 죽은 거나 다름없는 것이었겠지요. 열광적으로 좋아했던 유명 가수가 자살하자 따라서 자살한 여학생의 심리 현상도 마찬가지지요.

아마 당신의 우울증은 어린 시절의 가족 관계, 특히 부녀 관계가 결정적인 영향을 끼친 것 같습니다. 아버지는 일본 유학을 한 지식인으로 문화나 교양 지식 면에서 당신에게 많은 영향을 끼쳤을 것입니다. 어머니는 온갖 고생을 하면서 어렵게 가족의 생계를 꾸렸습니다. 그 영향이 당신의 뇌리에서 지울 수 없는 자리를 차지하고 있습니다. 물론 어렸기 때문에 그렇게 큰 무엇인가를 느끼지 못했다고 할 수도 있을 것입니다. 그러나 불행하게도 인간의 정신심리 구조는 그렇게 쉽게 무언가를 잊어버리지 않습니다. 사랑하는 부모님의 좌절과 고뇌, 고생하는 모습을 체험한 마음의 상처는 당신의 머리와 마음 어느 곳엔가 보관되어 기회 있을 때마다 나타나 당신을 지배합니다. 말하자면 당신은 자라면서 은연중에 무의식적으로 훗날 부모님과 가족을 행복하게 해주겠노라는 생각을 마음속에 늘 품고 살아왔을 것입니다. 더군다나 맏딸이니 그 마음의 짐은 얼마나 무거웠겠습니까? 나이가 든 현재, 품어왔던 이상과는 달리 해놓은 것은 없고 허무와 절망만 남은 것입니다. 당연히 삶의 의욕이 없고 자신이 없어집니다. 몸이 처지고 쑤시게 됩니다. 몸과 마음, 정신과 신체가 서로 떼려야 뗄 수 없는 종이의 앞뒤같이 붙어 다니기 때문입니다.

아이가 스스로 기고 앉고 급기야 걸으면서 기뻐하는 것처럼 인생을 다시 사는 기분을 가지도록 노력하십시오. 일단 태어난 인생은 독립된 인격체입니다. 부모님의 종속물이 아닙니다. 과거의 종속물이 아닙니다. 어렵겠지만 이해하고 깨닫고 그 무거운 마음을 내려놓는, 마음을 비우는 연습을 권유합니다. 이제부터 사소한 일이라도 하고 싶은 것을 찾아서 자신의 삶을 시작하세요. 짐을 내려놓고 하고 싶은 것을 하면 한결 걸음이 가벼워질 것입니다.

어디론가 훌쩍 떠나고 싶습니다

- 삶의 권태

> 중학생입니다. 특별한 이유는 없지만 답답하고 사는 것이 지겹습니다. 어디론가 여행을 하고 싶습니다. 요즘 배낭족 세계 여행이 유행이라는데 저도 세계로 무전여행을 하고 싶습니다. 그러나 불가능합니다. 우리나라라도 무전여행을 해 보고 싶지만 선뜻 용기가 나지 않습니다. 우선 아버지, 어머니가 허락해 주지 않을 거고 돈도 없습니다. 뾰족한 방법이 없을까요?

우선 요즘 청소년들은 무척 빠르다는 생각이 듭니다. 제가 자랄 때만 해도 그런 생각은 고등학교쯤에서 했던 것 같습니다. 누구나가 살아가다 보면 다람쥐 쳇바퀴 도는 듯한 현재의 삶에서 벗어나, 도회지의 생활에서 벗어나, 어디론가 나그네처럼 여행을 하고 싶은 충동을 느낍니다. 옛날 사람들도 때가 되면, 계절에 따라 부락제, 추수제와 같은 제전을 통해 단조롭고 지루한 생활에 활력을 불어넣기 위해 축제를 벌였습니다. 오늘날의 삶도 이러한 궤도에서 벗어나지 않습니다. 그래서 명절과 기념일, 공휴일, 휴가, 방학 등이 있습니다. 정말 쉬지 않고 개미처럼 일만 한다면 얼마 안 가서 병이 나게 됩니다. 학교 수업시간도 40분 공부하고 20분 정도는 마음껏 쉬어줘야 좋다고 합니다. 쉬지 못하고 다음 수업을 계속 들으면 우리의 뇌가 용량을 초과하여 과부하가 걸리겠지요.

『무진 기행』이라는 김승옥의 소설이 있습니다. 지극히 속물적인 주변 환경에 대한 불만을 품고 있는 주인공 윤희중이 새 생활의 활력을 되찾기 위하여 고향 무진으로 여행 갔다가 돌아오는 이야기입니다. 윤희중은 뚜렷한 목적이 있어서라기보다는 서울 생활의 좌절과 실패로부터 도망해야 할 때거나 무언가 새 출발이 필요할 때면 무진으로 여행을 합니다.

길을 잃었을 때는 원점으로 돌아가 다시 새 출발을 시도해야 하는 것처럼 삶이 지겹고, 공허하며, 탈진되면 무엇인가 근원을 찾고, 고향과 어머니를 찾는 것이 인간입니다. 그런 점에서 주인공 윤희중이 고향을 찾는 마음은 단순한 현실 도피가 아니라 자기 자신의 삶에 대한 발견이자 새 삶의 시작이 됩니다.

그러나 고향 <무진>은 기대와는 달리 처음에는 분위기가 매우 음산하고 우울합니다. 무진은 안개가 많기로 이름난 곳으로 그 안개는 마치 진주해 온 적군들처럼 무진을 빙 둘러싸고 있고, 한을 품은 이승의 여자 귀신의 입김과 같다고 했습니다. 철공소에서 들리는 쇠망치 소리, 병원의 크레졸 냄새, 스피커에서 나오는 한참 지난 유행가, 텅 비어 있는 무진 광장, 서울에서 성악을 전공했다는 여자 음악 선생의 기생 같은 생활, 새벽에 목격한 자살한 여인의 반나체 시신 등 무진은 일상적인 질서가 전도된 혼돈의 세계입니다. 동시에 무진은 바다가 그 배경입니다. 바다는 출렁입니다. 새 힘을 줍니다. 재생의 상징입니다. 그래서 무진은 혼돈에서 벗어나 새 삶을 시작하는 대지입니다. 그래서 윤희중은 음악 선생과 벌였던 순간적 쾌락을 마다하고 무진에서 다시 서울로 돌아옵니다.

당신도 현재의 생활에 불만과 스트레스가 많다면, 계획을 세워 가까운 바닷가라도 다녀오시면 어떨까요? 주말에 마음만 먹으면 쉽게 조그만 섬 정도는 다녀올 수 있습니다. 우리나라는 삼면이 바다입니다. 아시다시피 서울 옆에는 인천이란 큰 항구 도시가 있고, 여러 아름다운 섬들이 있습니다. 잘 가꾸고 잘 이용하면 세계인이 부러워할, 삶을 살찌울 수 있는 자연 환경이 즐비해 있습니다. 기왕 마음 먹었으니 용기를 가지고 실천해 보십시오. 인터넷, 스마트폰을 활용하여 혼자 가고 싶고 갈 수 있는 곳을 찾아보세요. 그리고 스스로 계획을 세워 홀로 여행 갔다 오는 것을 적극 추천합니다. 부모님께 잘 말씀드러서 허락을 받으십시오. 부모님도 기꺼이 허락하고 기특해 하실 겁니다. 청소년은 급격한 신체적, 정신적 변화로 적응하고 해야 할 과업이 많아서 스트레스를 많이 받습니다. 또한 독립하고 싶은 욕구, 혼자 있고 싶고, 남에게 간섭받지 않고 싶은 마음, 집 떠나고 싶은 생각 등이 생기게 됩니다. 그럴 때 한 번쯤 혼자 여행을 하면 많은 도움이 됩니다. 『무진 기행』의 윤희중처럼 새 힘을 얻을 것입니다.

발기 불능과 외출 공포

- 거세 공포

남성의 성 불능은 발기 불능(발기부전증)과 조루증을 말한다. 성 불능의 원인은 여러 가지 있을 수 있으나 보통 심리 문제와 긴밀히 연관되어 있다. 예를 들면 심한 불안과 공포, 두려움에 시달리면 성적 문제가 생길 수 있다. 그중 하나가 거세 공포이다. 오이디푸스 콤플렉스는 거세 불안을 낳는다.

오이디푸스 콤플렉스 기간에 아이는 먼저 어머니가 원하는 것, 즉 남근[1]과 동일시한다. 어머니의 남근 결핍을 메워 어머니의 삶에 필수적인 존재, 어머니의 욕망을 채우는 존재로 동화하려 한다. 이때 아버지는, 아이가 어머니의 남근과 동일시하는 것과 어머니가 그 동일시를 받아들이는 것을 금지시킨다. 그 금지가 바로 <거세>이다. 정신분석의 거세는 실제 남성 성기의 절단을 의미하지 않는다. 거세는 어머니와 아이 사이에 맺어진 상상적이고 자아도취애적인 관계를 자르고 분리시키는 거세의 위협에 붙여진 상징적 개념이다. 다시 말해서 한 인간 존재가

---

1) 정신분석학에서 남근은 생물학적 실제 페니스가 아니라, 무의식 속에서 남근 상징적 놀이를 하는 상징적 남근, 인간의 상징적 언어에 의해 의미를 갖는 상징적 남근을 의미한다. 그래서 남근을 '욕망의 시니피앙'이라 한다.

자신이 원하는 대로 자기 마음대로 자신의 욕망을 성취하려는 것에 대해 법이 금지할 때 겪는 시련 과정이다. 즉 상징적 분리의 시련이다. 가령 아이가 자신의 고추를 만지는 경우를 볼 때, 어른들은 종종 <너 자주 만지면 고추 떨어진다>, <너 자주 만지면 떼어먹을 거다>, <자주 만지면 짤린다>, <너 자주 그러면 혼나>라고 말하는데, 그런 말을 들을 때, 아이는 거세에 대한 불안을 느낀다. 그리고 그런 말들은 아이들에게 여자는 무언가 남자보다 덜하다는 것을 가정하게 한다. 그 말은 여자아이로 하여금 정신 속에서 자신은 이미 거세된 사람이라고 인정하게 한다. 여자아이의 열등감이 탄생하는 것이다.

또 어떤 어머니들은 무의식적으로 자기 아들의 성기를 소유했으면 하고 바라기도 한다. 그분들은 여자가 된 것을 후회기도 하고, 자신들이 소유하지 못한 남자 성기를 은연중에 희구한다. 어느 날 필자를 찾아온 어떤 부인은 초등학교 5, 6학년 때, 자기도 가끔 남자 성기가 있었으면 좋겠다고 생각했다고 말한다. 그래서 그녀는 아들은 바로 내 것이라고 무의식적으로 생각하고 아들에 대해 헌신한다. 그것은 어머니가 아들이 자기가 갖지 못한 것을 갖고 있다는 대리 보상 심리로 마음을 달래고, 나아가 자기도 그것을 소유했다는 대리 충족의 환상을 갖는다는 것을 뜻한다.

그런 어머니들은 많은 사람들에게 자기 아들을 자랑한다. 내 아들이 가장 잘생기고, 가장 똑똑하며, 가장 힘이 세고, 가장 건강하며, 가장 공부도 잘한다고…….

어머니 치마폭에서 계속 자란 아이는 비남성적인 남자가 되거나, 자기만 아는 자기중심적인 사람이 되며, 그렇지 않으면 독선적인 포악한 군주가 될 수 있다.

한편 어머니가 아이를 자신의 남근인 양 애지중지하면서 키울 때, 아이는 경쟁자 아버지의 징벌에 대한 두려움을 느낀다. 아버지가 그를 벌하는 동시에 자신의 고추를 자르는 것에 비유한 심적 두려움을 느낀다. 거세 불안, 거세 공포의 탄생을 의미한다. 어머니, 아들, 아버지, 다른 가족들 사이에 얽힌 많은 관계 상황만큼이나 거세 공포의 증후군도 다양하게 나타난다. 예를 들어보자.

열다섯 살 된 ㅁ군의 어머니는 너무도 마음이 여리고 착했다. 주위 사람이 어려우면 자신의 모든 것을 희생해서 도와주는 그런 어머니였다. 맏딸로 태어나서 어린 동생들과 부모님을 위하여 공부는 잘했지만 대학도 마다하고 여자상업고등학교을 졸업해서 열심히 일을 하고 받은 월급은 부모님께 전부 드려서 가정을 일으켰다. 그러다 보니 혼기를 놓쳤고, 서른 살이 넘어서 ㅁ군의 아버지를 만나 결혼했다. 아버지는 재혼이었고, 이전 부인에게서 난 딸 둘이 있었다. 결혼 후 ㅁ군을 낳고, ㅁ군의 어머니는 자신이 살아온 대로 아들이 자신인 양 헌신적으로 키운다.

반대로 ㅁ군의 아버지는 굉장히 억압적이고, 딱딱하고, 고지식하고, 가학적인 성격이다. 당연히 아버지는 아들과 어머니의 친밀한 관계를 못마땅하게 생각했고, 그 못마땅한 마음을 아들 ㅁ군에게 전가하여 아이를 때리고, 학대하며, 강압했다. 그러나 불행하게도 아버지가 그럴수록 어머니는 아이를 더 감쌌고, 아이는 어머니의 치맛자락을 놓지 않았다. 아이는 유일하게 안전한 곳이 어머니의 품이라고 생각한 것이다. 그리고 자기가 어머니를 위로해주고 기쁘게 해주는 소위 어머니의 남근이라고 생각하게 된 것이다. 실제로 어머니는 아버지에 대해서 불감증적인 욕구 불만에 가득 찼고, 그 포악한 성격을 혐오했으며, 아이만을 사랑했다. 그러니 ㅁ군은 아버지 이름으로 상징되는 사회에 동일시하기를 마다하고 어머니의 남근으로 역행하게 된 것이다.

결국 아이는 공포증에 시달리게 된다. 학교가 무섭고, 밖에 나가는 것이 무섭고, 어머니 품에서 떨어지는 것이 무섭고, 이른바 거세 공포에 시달리게 된다. 아버지 이름으로 상징되는 인간 세계가 무서운 것이다. 이것이 더 심해지면 자폐증에 걸리게 된다.

분석 상담을 하면서 ㅁ군 자신이 어머니의 남근이 아니고, 아버지가 실제로 포악한 군주가 아니라는 사실을 깨닫고 현실 생활 속에서 이를 검증했을 때 그 증상이 사라졌다. 물론 아버지와 어머니도 상담을 통해 이 사실을 깨닫게 되었고 잘 협조했기 때문이다. 또 다른 경우를 보자.

이십 대 후반의 ㅇ씨, 성기가 발기되지 않는 그는 아주 나약한 자아를 소유했다. 자아가 없었다고 해도 좋다. 오이디푸스 콤플렉스의 상황에서 ㅇ씨는 어릴 때부터 아버지의 벌을 무척 두려워했다.

「아버지는 전형적인 자수성가형입니다. 젊었을 때, 아버지는 주먹계의 두목이었습니다. 공부도 1, 2등이었다고 합니다. ○○○계에서 아버지 이름을 대면 모르는 사람이 없습니다. 의리, 신용을 철저히 지켜서 친한 친구들도 많습니다. 아버지는 저를 늘 가두어놓았습니다. 저를 꼼짝 못 하게 했습니다. 그래서 저는 아버지께서 하라는 대로 했습니다. 아버지가 무서웠으니까요. 저는 커가면서 항상 아버지와 비교하며 살았는데, 아버지가 근래에 망했거든요. 저는 그것이 오히려 신이 났습니다. 아버지 밑에서 탈출할 수 있었거든요. 그동안 아버지가 너무 무서웠습니다……」

ㅇ씨는 아버지 거세 공포를 이런 식으로 말했다. 실제 아버지가 신처럼 완벽한 사람이 아니라 ㅇ씨 자신이 아버지를 그렇게 상정한 것이다. 그는 아버지한테 혼나지 않을까 하는 두려움, 거세의 두려움을 무의식 속에 늘 품고 있었다. 그것은 자신의 남성성을 잃을까 하는 거세의 두려움을 내포한다.

그래서 ㅇ씨는 거세의 징벌을 면하기 위하여 아버지에게 부드럽고 유순하고 순종적인 아들의 행세를 해왔다. 따라서 그 성격이 매우 유순하고, 순종적이고, 수동적으로 될 수밖에 없었다. 감히 아버지와 경쟁할 수 없었기 때문이다. 어렸을 때부터 자신을 축소하고, 아버지나 남 밑에 위치시켰다. 학교에서 선생님들에게는 다른 친구들보다 어린 학생의 모습을 보였고, 동료 친구들에게 너무 친절하고 바보같이 굴었다. 대인 관계와 직장에서 늘 수동적이고 마조히즘적으로 상사의 눈치만 살피는 행동을 했다. ○씨 스스로가 열등감을 발전시킨 것이다. 결국 거세되지 않기 위해, 성기가 잘리지 않기 위해 할 수 있는 한 모든 것을 하고, 또 그것에 집중해서 살아온 것이다. 당연히 발기 불능으로 자신이 성기를 소유하지 않은 것처럼 자신의 남성성을 숨겨야 했다.

분석 상담 중에 ○씨는 아버지가 자신이 그동안 생각해 온 것처럼 신 같은 사람이 아니라는 사실을 깨닫기 시작했고, 그것을 실생활에서 확인해 가면서 점차 자신이 만든 허상을 부수어 나감에 따라 일상생활과 성 문제에도 진척을 보였다.

사실 거세 불안은 인간이면 누구나 겪는다. 어린 시절 화장실을 무서워하고, 갇힌 방과 어둠을 무서워하며, 특정 동물을 무서워하는 현상, 낯선 곳에 가면 왠지 어색한 마음, 쑥스러운 마음, 대중 앞에서 떨리는 것 등은 근본적으로 거세 불안을 의미한다.

거세의 경험은 고통스러운 일이나 인간화를 위해 인간이 겪어야 할 필연이다. 근친상간 금지가 없었다면 인류는 인간화되지 못했을 것이고, 오늘날과 같은 문화와 문명사회를 건설하지 못했을 것이다. 우리는 이 금지를 받아들이고, 근친상간 욕망을 포기하고 지혜롭게 타협하면서 살아간다. 우리는 대신 일과 인간관계, 사회생활, 예술, 스포츠, 여가

생활, 연구 등 그것을 인접한 상징적 대체물로 대체하여 욕망을 우회적으로 실현하는 방법을 찾으면서 살 수 있을 뿐이다. 역설적으로 거세는, 금지는 열매를 맺게 하는 것이기에…….

남자 친구가 자꾸 직장을 옮겨서

- 의존 심리

> 남자 친구를 사귀고 있습니다. 양가의 반대도 없고 해서 그 사람과 결혼할 생각입니다. 그런데 그 사람이 직장 생활에 적응하지 못하는 것 같아서 걱정입니다. 직장을 자주 옮겨 다닙니다. 그는 옮길 때마다 아니꼽고, 더럽다고 합니다. 그래서 저도 마음이 흔들립니다. 결혼하는 것이 망설여집니다. 저는 남친에게 모든 것을 의지하고 싶고, 남친만 믿고 살아야 할 텐데, 더구나 요즘 직장 얻기가 쉽지 않은 시기에 저러다 직장을 잃을까 걱정이 됩니다. 이렇게 자주 직장을 옮기면 결혼 후에 문제가 되지 않을까요?

　지극히 의존적인 생활에서 만족을 찾으려는 사람들이 있습니다. 특히 동양 문화권의 여성들은 순종의 미라 하여 무조건 감내하고 희생하는 것이 윤리요, 아름다움이라고 생각합니다. 동양뿐만 아니라 서양에서도 오랜 세월 동안 여성은 정치적, 경제적 책임을 멀리하고 개인적, 정서적인 생활을 영위하면서 제한된 범위 속에 살아왔습니다. 말하자면 여성은 정치, 경제적 책임을 면제받는 대신에 가족을 돌보고, 자녀 교육을 하며, 집안일을 하고, 때로 정서를 함양하는 쪽으로 인생의 방향이 정해지게 되었습니다. 그래서 그 시절에는 희생과 헌신이 여성의 덕목이 될 수밖에 없었습니다.

그런데 현대 사회에서는 남성은 이래야 되고, 여성은 저래야 된다는 식의 이분법적인 사고방식을 가지고는 올바르게 살기 어렵게 되었습니다. 젊은 부부들 중에는 맞벌이 부부가 많습니다. 여성도 자기 일을 합니다. 서로 시간이 없습니다. 거기다가 아이들까지 생기면, 누구 혼자만의 힘으로는 육아를 감당할 수 없게 되었습니다.

결혼 상대자가 직장을 자주 옮겨서 안정적이지 못하다는 당신의 생각은 충분히 이해합니다. 하지만 결혼 생활은 남편 따라서 남편만 바라보고 사는 종속 관계가 아닙니다. 사랑은 서로의 부족함을 메우는 것임과 동시에 자기 인생의 발전을 향해가는 조화의 세계입니다. 그런데 사랑을 종속, 의존 관계라고 생각하는 사람들이 있습니다. 유교 전통 사회가 그랬습니다.

대부분 의존심은 자란 환경에서 많은 영향을 받습니다. 정신분석학에서는 의존 경향을 마조히즘이라 합니다. 마조히즘은 <무엇인가 나에게 해달라>는 식으로 수동적, 의존적으로 무엇인가를 받음으로써 느끼는 즐거움을 말합니다. 대부분의 가부장적 사회에서 여성은 수동적 성격을 지닙니다. 남성 권위주의적 가정에서 여성은 수동적이고 의존적이며 억압된 분위기에서 자라게 됩니다. 그 수동적 성격은 자라면서 점진적으로 마음 한구석에 자리 잡습니다. 그리하여 어른이 되어서도 은연중에 무의식적으로 마조히즘적, 수동적 쾌감을 요구합니다. 이러한 수동적 즐거움을 추구하는 여성은 성생활에서도 강제적으로, 난폭하게 다루어지는 것을 원합니다. 분만은 수동성 쾌락의 극치가 됩니다. 어떤 희생이나 아이에 대한 과잉보호와 같은 모성애로 수동적 만족을 얻습니다. 공짜를 좋아합니다. 이러한 여성이 정신적으로 요구하는 것은 수동적이고 의존적인 만족입니다. 이러한 상태가 심해지면 히스테리라 부르는 신경증을 앓게 됩니다. 완벽한 수동성 쾌락의 요구에 비례해서 원하는 만큼 받을 수 없기 때문입니다. 반대로 이러한 심리 현상의 반발, 즉 반동 형성이 있을 수 있습니다. 남성의 무능력을 이유로 남성을 지배하거나 과잉 간섭하고 잔소리하는 경향 또는 남편이 잘 나가는 것을 시기하거나, 빠른 시일 내에 만족을 얻기 위해 부동산, 주식 투자를 하는 등 여성 스스로 어떤 큰 야망을 갖거나, 남의 친절을 과잉 거부한다든가 하는 것을 말합니다. 이것들은 바로 무의식 속에 간직한 수동적, 의존적 쾌락에 대한 충동을 정반대로 표출해서 이열치열의 효과를 노리는 것입니다.

남에게 의존하는 마음이 지배적이면 자기 자신은 없는 것입니다. 자기가 없는 삶은 노예와 같은 인생입니다. 그것은 고통을 의미합니다. 그러므로 누추하고 보잘것없어도 자기 인생을 살아야 행복합니다. 이것은 경제적인 면에서도 마찬가지입니다. 설령 남자 친구가 실직한다 하더라도 당신의 삶이 튼튼하면 아무 문제가 없을 것입니다. 내 삶이 튼튼하면, 나아가 남친의 재능을 발휘하는 데 커다란 도움이 될 수도 있습니다. 그러므로 먼저 자신의 삶을 튼튼하게 잘 갖추고 나서 그런 자신감을 기반으로 남친 문제를 진지하게 고민하고 남친과 대화를 시작해 보는 것이 좋겠습니다. 결혼은 사회적 동반자가 되는 것이기에 문제가 있으면 서로 대화하고 지혜를 모아 문제 해결해야 하겠지요. 문제가 해결된 후 결혼을 하는 것이 순리라고 생각합니다.

아버지한테 칭찬 한번 못 받았습니다

- 부자 갈등(아버지 콤플렉스)

아버지가 저를 너무 미워합니다. 어려서는 매도 많이 맞았는데, 동생은 그렇지 않았습니다. 동생만 너무 편애합니다. 동생이 공부를 잘하거든요. 저는 어려서부터 아버지가 미워서 사고를 가끔 저질렀습니다. 그래서 고등학교 때 경찰서에 간 적도 있습니다. 아버지는 공무원인데 늘 저를 핀잔하고, 욕하고, 아버지의 명예를 손상시켰다고 합니다. 지금까지 아버지한테 칭찬 한번 못 받았습니다. 저도 잘 보이려고 노력해 보았습니다. 그때마다 번번이 저만 손해 본 느낌입니다. 이젠 아버지 얼굴도 보기 싫어서 아버지가 들어올 때쯤이면 제 방으로 피해 버립니다. 이대로 가다가는 제가 더 난폭해질까 두렵습니다. 어떤 해결 방법이 없을까요?

히틀러의 잔인한 유대인 학살, 나중에는 강제 수용소에 집어넣고 가스 대학살이라는 끔찍한 만행을 저질렀지요. 근자에는 1991년－1999년에 일어난 유고내전에서 인종 청소라는 이름으로 자행됐던 인종 학살이 있었구요. 지금도 계속되는 시리아 내전으로 많은 사람들이 서로가 서로를 죽이는 만행이 자행되고 있습니다. 캄보디아의 '킬링필드'는 1975년 집권한 폴 포트의 크메르루즈 정권이 캄보디아를 지배한 3년 8개월 10일

동안 처참하게 자행한 대학살 사건으로 캄보디아인 100만 명 이상이 사망하였습니다. 우리도 그런 경험을 많이 했습니다. 가깝게는 5.18 민주화 운동 때의 군부에 의한 시민 학살, 한국 전쟁의 동족상잔, 좌우익 간의 보복 학살, 일제 강점기 때의 잔혹한 탄압, 학살이 그랬습니다. 아시다시피 이러한 학살의 현장에는 이데올로기도 철학도 민족도 이성도 부모도 없이 오로지 야수성만이 활개를 쳤습니다. 전쟁, 쿠데타, 혁명, 종교적·정치적 박해, 아동 학대, 강간, 온갖 종류의 폭력적 행위, 약자 학대 등은 인류사를 통해 끝없이 반복되어 왔습니다. 그래서 정신분석학에서는 인간의 마음속에 무엇이 있기에 인류사를 내려오면서 이토록 잔인한 짓을 하게 되는가를 생각하게 되었습니다.

원시 사회를 생각해 봅시다. 아마 그 사회를 인류라 부를 수 없는 <원시 무리>라고도 하는데, 아직 윤리, 도덕, 문화, 종교, 문명이 없는 구석기 시대 이전 마치 사자 무리들, 원숭이 무리들과 비교할 수 있는 그런 사회라 할 수 있습니다. 그 사회는 여성들, 어린 아이들, 나이 먹은 남성들, 기력이 왕성한 젊은 남성들로 구성됩니다. 젊은 남자들이 성장하면, 그들 사이에 지배권을 두고 싸움이 벌어집니다. 여기에서 가장 힘센 남자가 다른 남자들을 죽이거나 쫓아내고 그 사회의 우두머리가 됩니다. 우두머리는 무리 안에서 적대감이 나타나는 것을 용서하지 않습니다. 적대감의 방지를 위해 집단의 다른 남자 구성원들이 성적으로 신체적으로 성장하면, 자기 아들이라도 죽이거나 집단에서 추방시킵니다. 추방당한 무리들은 다시 비슷한 <원시 무리>를 구성합니다. 그리고 단결하여 우두머리, 즉 아버지를 죽입니다. 이 무리도 계속 똑같은 전철을 밟다가 나중에는 아무도 우두머리가 될 수 없으며 여자를 차지할 수 없다는 것을 깨닫고 근친상간 금지의 법을 세우게 되고, 그 법을 지키면서 인류는 급격하게 문명화됩니다. 물론 인류가 아주 오랜 세월 문명화 이전부터 집단생활을 겪으면서 서서히 터득하여 문명화하는 신화적인 이야기입니다.

인간의 원초적 잔인성, 공격성, 파괴 본능을 상징하는 이야기입니다. 아버지에게는 아들을 학대하고 죽이려 하는 원초적 본능이 있으며, 아들에게도 아버지를 적으로 생각하는 무의식 본능이 있습니다. 이를 상징화한 이야기가 오이디푸스 신화입니다. 오이디푸스의 아버지는 갓 태어난 오이디푸스를 산에 버립니다. 성경 속의 모세도 강가에 버려집니다. 주몽 신화에서 주몽도 아버지에 의해 버림받습니다. 탈해 신화의 탈해 역시 마찬가지입니다. 아버지의 아들에 대한 적대 감정의 이야기는 이와 같이 전 세계에 보편적으로 뿌리를 내리고 있습니다. 또 오이디푸스는 자신도 모르게 아버지를 죽이고 어머니와 결혼합니다. 이는 아버지에 대한 아들의 적대 감정을 상징합니다. <프로이트 신화>의 이런 아버지 콤플렉스는 오늘날에도 계속됩니다. 아버지를 살해해야 살 수 있었던 아들은 아버지가 되어 다시 아들에게 똑같은 일을 당합니다.

그러므로 인간의 무의식 속에서 작용하는 이러한 갈등 현상을 잘 아는 것이 중요합니다. 사람이 남을 해치거나 학대하거나 죽이고 싶어한다면, 이것은 그 자신이 불안하고 두려워서 위험하고, 공격받고, 창피당하고, 학대받는다고 느끼기 때문입니다. 사람이 사람을 공격하는 것은 자신의 불안 때문에 자신의 안위를 지키려는 방어 술책입니다. 마찬가지로 아버지가 당신을 핀잔하는 것은 아버지의 불안, 아버지의 스트레스를 자식에게 투사하는 것입니다. 아버지의 불안과 스트레스를 자식 잘되라는 이야기로 대체하여 그렇게 전가하는 것입니다. 그것은 아버지가 아들을 사랑하는 방식의 또 다른 표현 방식입니다. 이렇게 아버지를 이해하면 문제 해결의 실마리가 풀립니다. 신화 속의 주인공들, 모세, 오이디푸스, 주몽, 탈해 등은 모두 아버지로부터 떠나서 스스로 새로운 국가를 세웁니다. 그 국가들은 아버지보다 훨씬 강하고 훌륭한 국가가 됩니다. 인류의 유산인 이런 신화들이 주는 교훈은 인간은 부모를 떠나서 부모보다 더 좋은 가족을 꾸미며 발전해 왔다는 것을 상징적으로 전해줍니다.

신화가 상징하는 바와 같이 가족에 얽매이지 말고, 가족을 벗어나서, 미련 없이 떠나서 관심을 좀 더 넓혀보십시오. 아무리 가정이라도 도저히 견딜 수 없는 상황이라면 집을 떠나는 것이 현명한 선택이라고 생각합니다. 광활한 대명천지인 사회에 뛰어들어 내 꿈을 펼쳐보면 어떨까요. 훗날 아버지는 "아들아 잘했다"라고 당신을 칭찬하고 사랑할 것입니다.

딸아이의 신경질이 너무 심합니다

- 사춘기에 들어선 소녀

초등학교 6학년인 딸과 3학년인 아들을 둔 주부입니다. 그동안 두 아이와 잘 지내왔는데, 요즈음 큰아이의 불만이 너무 심합니다. 동생에게 양보하지 않고, 자주 싸우며 울곤 합니다. 그래서 잘 타일러보기도 했지만, 그럴수록 더 분하게 울어서 저로선 감당하기가 힘듭니다. 한번은 너무 울어 피까지 토해 병원까지 갔습니다. 특히 저보다는 아버지를 더 비난합니다. 아버지는 항상 동생 편이라 하고, 자기가 아프면 건성으로 몇 마디 하지만 동생이 아프면 병원 가자고 하는 식으로 편애한다고 합니다. 저는 특별히 아들을 편애한 기억이 없습니다. 항상 둘 다 공평하게 대하려고 신경을 많이 씁니다. 우리 딸애를 위해 어떤 해결 방법이 없을까요?

질문에 답하기 전에 우리가 잘 알고 있는 이야기 하나를 하고자 합니다. 심술궂은 두 언니와 마음씨 나쁜 새어머니를 가진 신데렐라 이야기입니다. 신데렐라는 새어머니에게 부당한 대우를 받습니다. 누더기 옷을 걸치고 다락방에서 자면서 온갖 궂은일을 다 합니다. 그야말로 하녀와 같은 삶을 살지요. 그러던 어느 날 임금님이 계시는 성에서 무도회가 열립니다. 새어머니와 두 언니는 무도회에 참석하기 위해 몸치장을 하고, 성으로 갔습니다. 다른 소녀들처럼 신데렐라도 무도회에 가고 싶었지만 너무도 초라하고 할 일도 많기에 갈 수 없었습니다. 그렇게 슬픔에 잠겨 있을 때, 신데렐라 앞에 요술 할머니가 나타납니다. 요술 할머니는 신기한 요술 지팡이로 아름다운 무도회 옷과 신발과 황금 마차를 신데렐라에게 줍니다. 그러고는 자정의 종소리가 울리기 전에는 꼭 돌아오라고 합니다. 무도회에 온 소녀들 중에 가장 아름다웠던 신데렐라는 왕자님의 마음을 사로잡았고, 둘은 시간 가는 줄 모르고 세상에서 가장 아름답게 춤을 춥니다. 그 행복이 무르익을 즈음 열두시를 알리는 종이 울립니다. 신데렐라는 요술 할머니의 말을 상기하고 황급히 성을 빠져 나옵니다. 그러나 너무 급하게 나오다가 그만 신발 한 짝을 잃어버립니다. 뒤쫓아 오다가 그것을 주운 왕자는 다음 날 신하를 시켜서 신발 주인을 찾아오게 합니다. 드디어 신발 주인인 신데렐라를 찾고 신데렐라는 왕자와 결혼하여 행복하게 살았다는 이야기입니다.

이 아름다운 이야기는 아이에게 자기 앞에 직면한 문제를 어떻게 잘 이해하고 헤쳐 나갈 것인지를 알려줍니다. 아이는 마음속의 느낌과 감정을 통해서 이야기가 주는 의미를 터득합니다. 그런데 어른들은 종종 아이의 말을 곧이곧대로 믿는 경향이 많습니다. 이 이야기는 아이들 간에 다투는 경쟁심, 시기심, 적대 감정을 상징하는 이야기입니다. 그런 마음의 상태를 신데렐라가 두 언니와는 다르게 더럽고 누추한 다락방에서 살고, 온갖 궂은일을 하고 어머니에게 희생만 강요당하는 것으로 표현합니다. 사실 아이들은 형제 간, 자매 간, 사촌 간에 많은 시기, 경쟁, 적대 감정을 겪습니다.

부모들은 모든 아이를 공평하게 대하려고 노력하지만 아이들은 그렇게 생각하지 않습니다. 신데렐라가 불공평하게 취급된 것처럼 자신들도 제각기 불공평하게 취급되고 있다고 생각합니다. 거기다가 동생이 잘못한 것을 본인이 잘못한 것으로 오해받아 꾸중 듣게 되면 그 마음은 가중됩니다. 더군다나 당신의 경우 큰아이가 여자이고 작은애가 남자이므로 우리의 전통적 남아 선호 사상이 큰아이를 더욱 고통스럽게 했을 것입니다. 당연히 누나의 무의식 속에는 동생에 대한 시기와 적대 감정이 자리 잡게 됩니다.

사춘기에 들어선 소녀에게는 이 콤플렉스, 복합 감정이 더욱 거세게 일어납니다. 이 시기에는 초등학교 시절 동안 잠재되어 있던 오이디푸스 감정이 다시 표면화되므로 대체적으로 여자아이는 어머니를 멸시하고 아버지를 사랑하는 감정을 갖게 됩니다. 그래서 큰아이는 어머니보다는 아버지가 더 불공평하다고 생각한 것입니다. 아버지를 사랑하는 만큼 아버지가 자신을 대하는 태도에 대해 매우 민감하기 때문이지요.

이렇게 아이들의 심정을 잘 헤아려야 올바른 교육을 할 수 있습니다. 아이의 마음을 이해하기 위해서는 비난, 명령, 충고, 지시 등을 되도록 삼가는 것은 물론, 아이에게 문제 해결 방법을 제시해 주고 싶은 마음을 참고 아이의 말을 잘 경청하려고 노력해야 합니다. 인간은 누구나 다 자기의 발전을 지향하면서 살아가는 존재입니다. 아무 간섭 없이 아이 스스로가 자신의 느낌과 감정, 마음의 상태, 행동을 돌아보게 함으로써 주체적으로 자기 문제를 해결하는 방법을 찾도록 해야 합니다. 아울러 춤이든, 음악이든, 운동이든, 독서든, 미술이든, PC든, 요리든 그 무엇이든지 큰아이가 좋아하는 것을 마음껏 하도록 하는 것도 딸아이의 감정을 조절하고 승화시키는 데 일익을 담당할 것이고, 그러다 보면 여러 번의 시행착오를 거치면서 아이 스스로가 하고 싶은 일, 진로도 찾게 될 것입니다. 신데렐라가 왕자와 결혼하여 행복을 찾아가듯이 스스로 행복을 찾는 길이 열릴 것입니다.

언니의 아들과 관계를

- 근친 상간

사십 대 여성입니다. 언니의 아들과 관계를 맺어서 괴롭고 무섭습니다. 언니가 어렸을 때 입양한 아이입니다. 언니가 아이를 데려온 후 조금 지나서 형부는 돌아가셨습니다. 언니는 바빠서 그 아이를 줄곧 내게 맡기곤 했습니다. 그래서 제가 공부도 가르치고 대학까지 보냈습니다. 처음 관계를 가진 것은 아이가 고등학교 3학년 말, 수능 시험을 치른 후부터입니다. 지금은 아이가 점점 더 좋아지고, 아이도 저에게 많이 의지합니다. 언니 보기가 너무 무섭습니다. 또 아이도 무섭습니다. 저를 꼼짝 못 하게 하고, 심지어 집 밖에도 못 나가게 합니다. 저는 이 아이가 처음이거든요. 이 아이 전에는 남자를 전혀 몰랐습니다. 아이도 그걸 알고 있고요. 저는 두려움에 떨고 있습니다. 어떻게 해야 할까요?

문득 프랑스 TV에서 본 심층 르포르타주가 생각납니다. 한 고등학교 여학생이 직접 TV에 나와서 사회자의 질문에 따라 자신의 과거와 고통을 말하더군요. 그 여학생은 일곱 살 때 부모가 이혼한 후 어머니와 살았는데, 어느 날 새아버지가 들어와 같이 살게 됩니다. 새아버지는 초등학생인 그녀를 유혹해서 겁탈합니다. 그때부터 새아버지는 줄곧 성관계를 강요했고, 여자아이는 무서움에 사로잡혀 하루하루를 보냅니다. 이렇게 초등학교 1, 2학년을 보내고 3학년에 올라간 여자아이는 새로 사 귄 F라는 친구에게 자신의 고통을 말하게 되고, 다행히도 친구 F는 그 말을 부모님에게 전합니다. 그 말을 들은 친구 F의 부모는 F에게 고통받 는 친구를 설득하여 상담 전문 교사를 찾아가게 합니다. 상담 교사는 문 제의 여자아이를 상담하는 과정에서 그 의붓아버지를 법정에 고발하는 데 대한 동의를 받아냅니다. 결국 여자아이는 학생 담당 변호사의 도움 으로 의붓아버지를 법정에 서게 하고, 의붓아버지는 감옥에 들어갑니다.

그러나 의붓아버지가 감옥에 간 것만으로는 고통이 해결되지 않았 습니다. 과거에 직접 겪을 때보다는 덜하지만 아직도 그 악몽으로부터 벗어나지 못했다고 했습니다. 그리고 덧붙여서 자신이 그 사실을 감추고 숨겼다면 현재의 자신은 없었을 거라고 강조했습니다. 다행히 자신의 고 통을 친구에게 그리고 다른 이에게 말한 것이 고통을 털어내는 데 도움 이 많이 되었다고, 앞으로도 정신적 고통을 해결하기 위해 계속 노력할 것이라는 말이 낯선 이방인의 심금을 울린 기억이 생생합니다.

당신에게도 해결의 실마리를 풀 수 있는 기회가 온 것 같습니다. 인 간은 누구나 욕망, 애정 충동, 성 충동이 있습니다. 그러나 그 욕망이 자 기 멋대로 하지 못하도록 우리의 생각과 의식이 그것을 검열하고 통제 하며 억압합니다. 그 역할을 양심과 도덕과 사회적 법이 대행합니다. 그 런데 욕망이 양심과 도덕을 파괴하고 일을 저질렀을 때, 인간의 정신세 계는 걷잡을 수 없는 고통에 빠지게 됩니다. 인간은 가정과 친인척과 사 회적 공동체 안에서 생활해야 하기 때문입니다. 사회를 떠나서 인간은 살 수 없습니다.

당신은 심한 두려움 속에서 살아가는 것 같습니다. 먼저 하지 말아 야 한다는 양심의 법을 깨뜨린 것에 대한 두려움이며, 다음은 사회적으 로 암암리에 맺어진 금기, <네 아들과 동침하지 말아라>는 것처럼 <언니의 아들과 동침하지 말아라>라는 금지의 법을 어겼다는 두려움 때문입니다. 실제로 언니가 무서운 존재가 아니라 당신 자신이 언니를 두려워하고, 사회의 금기를 어겼다는 것에 대한 스스로의 두려움입니다.

마찬가지로 그 대학생 조카도 두려운 상태에 있는 것입니다. 그 두렵고 불안한 마음을 인정하기 싫어서 당신을 보호한다는 명목으로 당신의 삶을 간섭하고 옭아매는 것입니다. <도둑이 제 발 저리다>는 식의 방어 심리, 보상 심리라 할 수 있어요. 사랑은 보호와 간섭이 아닙니다. 아마도 조카의 속마음은 빨리 이 굴레에서 벗어나고 싶을 것입니다. 이렇게 자신의 속마음을 잘 분석하면 한결 홀가분할 것입니다. 그리고 나서 적당한 기회에 언니에게 고백을 하고 용서를 비십시오. 언니와 함께 잘 상의하면, 해결의 실마리가 보일 것입니다.

〈하면 잃는다〉고 하면서 빠져드는 도박

- 도박 심리

직장인입니다. 대학 때 만난 아내와 결혼한 지 2년이 되었습니다. 그동안 별탈 없이 지내왔습니다. 그런데 요즈음 문제가 생겼습니다. 제가 포커 놀이에서 헤어나질 못하겠습니다. 하기만 하면 잃습니다. 아니 제가 잃는다는 것을 뻔히 아는데도 도저히 하고 싶은 욕망을 참지 못합니다. 자연히 아내에게 야근이나 출장, 상갓집에 간다는 핑계를 대고 늦게까지 포커를 하고, 어떤 날에는 집에 안 들어가는 날도 생기게 됩니다. 평상시에 저는 아주 착실합니다. 어떻게 하면 포커 놀이의 욕망에서 빠져나올 수 있을까요?

인간은 사랑의 동물입니다. 이미 시작된 삶, 그 삶을 지탱하고 있는 것이 애정 충동, 바로 사랑입니다. 인간은 누구나 사랑을 주고받습니다. 사랑에 대한 갈구, 즉 사랑의 에너지, 애정 충동 에너지는 인간이 일단 세상에 태어나면 의무적으로 부여됩니다. 그 무엇으로도 사랑의 에너지, 애정 충동을 없애버릴 수가 없습니다. 단지 죽음에 의해서만 그 에너지는 중지될 뿐입니다.

옛날에는 성적 사랑이 오직 사춘기에 이르러서야 비로소 시작된다고 생각했습니다. 그러나 아이들을 보면 그들도 아주 일찍부터 성애에 눈뜬다는 사실을 알 수 있습니다. 예를 들면 젖먹이 아이는 배고픔에 대한 욕구 너머로 젖 빨기에 연관된 즐거움과 환희를 찾습니다. 그것은 젖을 먹은 후에도 자기 손가락이나 발가락을 계속해서 빠는 것을 봐서도 알 수 있습니다. 아이의 젖 빨기는 손가락 빨기, 연필 빨기, 흡연, 음주, 키스로 이어집니다.

젖을 뗀 후 아이의 성애는 배설의 쾌감으로 이어집니다. 배설을 통한 항문의 긴장 완화는 성적 쾌감을 불러일으킵니다. 대변을 보는 과정은 의지에 따라 행하지 못하고 수동적으로 느껴져서 시작되며, 그 결과 대변 과정의 쾌감이 주어집니다. 그래서 이 항문대 쾌감을 피학적(마조히즘) 자기 성애 쾌감이라 합니다. 피학적이라 함은 <무엇인가 나에게 해 달라>는 식으로 육체가 수동적으로 무엇인가를 받아서 느끼는 즐거움을 말합니다. 피학적 쾌감에 대한 욕구는 어릴 때부터 아주 수동적이고 폭력적이며 억압적인 분위기에서 자란 경우에 많이 생깁니다. 폭력, 학대 속에서 자라게 되면 어른이 되어서도 은연중에 무의식적으로 학대당하는 쾌감을 요구합니다. 다시 말해서 학대받은 아이는 어른의 가학적 지배 아래 놓여 있다고 생각할 것입니다. 그래서 그가 커가면서 사회에서 부딪히는 모든 분야에서 자신도 모르게 무의식적으로 징벌에 대한 요청을 할 것입니다. 그때의 징벌은 당연히 수동적으로 피지배되기를 바라는 마음과 같게 됩니다. 이러한 경우의 사람은 자신의 물질을 낭비하거나 결과가 뻔한 아주 어리석은 투자 또는 도박을 하여 자신의 돈을 잃어버리면서 피학적 쾌감을 즐기게 됩니다.

잃는다고 생각하는데도 포커의 욕망을 참지 못하고, 나중에 후회한다고 했습니다. 무의식적으로 잃는 순간에는 피학적 쾌감을 즐기면서, 잃은 후에는 의식의 자아가 후회하는 방식을 반복합니다. 그렇게 무의식은 반복됩니다. 우리 주위에는 그런 도박을 즐기는 사람들이 많습니다. 도박 심리에 이끌려 월급 날리는 일이 다반사입니다. 경륜, 경마, 카지

노, 인터넷 도박에 손대서 재산 날리고 폐인이 된 사람들도 적지 않습니다.

건강보험심사평가원에 따르면 지난해 도박 중독으로 병원을 찾은 사람이 1099명이었는 데, 그중 20대(366명)와 30대(418명)가 전체의 71.3%였다고 합니다. 5년 전 51.6%보다 약 20%포인트 늘었다고 합니다. 특히 20대는 2012년 108명에서 지난해 366명으로 환자 수가 3.4배가 늘었습니다. 40대 이상에서는 도박 환자 수가 미미하게 감소하는데 20 – 30대만 급격히 늘고 있다고 합니다. 극심한 청년 취업난에 몰린 청년들이 절망감, 좌절감, 자책감 속에서 일확천금을 바라는 희망 고문 심리, 그 피학증적 쾌감을 추구하는 심리가 아닐까요?

또한 청년들이 가장 많이 빠지는 도박은 <사설 토토>로 불리는 불법 스포츠 도박이라 합니다. IT 기술의 발전, 스마트폰의 확산 등으로 시장 규모도 2012년 7조 원 대에서 2015년 21조 원 대로 커졌다고 합니다. 최근에는 가상화폐 투기 중독이 날로 심각해져서 사회문제를 일으키고 있습니다. 얼마나 많은 사람들이 도박 중독에 빠져있는지 짐작해볼 수 있습니다.

도박중독에 빠진 사람들은 직장이나 사회에서 문제가 발생하면, 논리적이고 합리적으로 해결하지 못하고 자신의 울분을 피학증적, 수동적으로 전환시킵니다. 상사의 지시를 바쁘다거나 능력을 벗어난 일이라고 합리적으로 설명하지 못하고 그냥 수동적으로 맡아 미적거리기 일쑤입니다. 도박 심리는 참 묘한 것입니다. 적당히 하면 스트레스 해소도 되고 즐겁습니다. 그러나 과하면 병이 됩니다. 포커로 밤샘도 한다고 했습니다. 사람이 잠을 못 자면 판단력과 기억력이 저하됩니다. 그렇게 되면 숨어 있던 본능이 기승을 부립니다. 이른바 피학적 자기 성애의 쾌감으로 퇴행하는 것입니다. 그렇지만 당신은 평상시에는 아주 착실하다고 했습니다. 당신의 그 장점을 잘 보완한다면 좋은 해결책이 열릴 것 같습니다. 포커에 대한 욕구를 당신의 그 차분한 성격에 걸맞은 취미 활동으로 전환시키는 것입니다. 독서, 음악, 서예, 수집, 그림, 등산, 여행 같은 것으로 말입니다. 포커에 대한 욕망을 좋아하는 취미 활동으로 대체하여 문제를 해결해보면 좋겠습니다.

지나가는 사람과 눈만 마주쳐도 겁나요

- 시선 공포

하루하루의 생활이 괴로움의 연속인 대학생입니다. 걸어 다닐 때 지나가는 사람을 어떻게 대해야 할지, 시선을 어디에 두어야 할지 신경이 쓰여 가슴이 답답하고 소화도 되지 않습니다. 만약 지나가는 사람과 눈이라도 마주치면 겁이 나고 위축됩니다. 버스, 지하철, 도서관 등 사람들이 많은 곳과 여자 앞에서는 시선이 나에게 집중되는 것 같아서 얼굴이 붉어지고 가슴이 심하게 뛰며 식은땀이 납니다. 지극히 비관적인 일이든 사소한 일이든 어떤 어려운 일을 접하게 되면, 하루 종일 신경이 쓰여 그 일만 생각하고 걱정하며 괴로워합니다. 세 살 때 부모님이 이혼해서 줄곧 계모와 살아왔는데, 그때부터 항상 신경을 쓰며 살았습니다. 지금은 기숙사 생활을 하기 때문에 그 문제는 없어졌지만 위와 같은 문제들 때문에 다른 사람들과 인간관계를 전혀 맺을 수 없습니다. 친구도 거의 없습니다. 저의 나쁜 성격 때문에 친구가 생겨도 오래 견디질 못하니까요. 이런 문제들을 어떻게 해결해야 할까요?

인간의 속마음과 겉으로 드러난 생각은 일치하지 않는 경우가 많습니다. 가만히 이성적으로 생각해 보면 왜 이렇게 남의 눈치를 보고 사는지, 남의 시선을 의식하면서 헛된 생각에 고통을 당하는지 도저히 이해가 안 갈 것입니다. 또 이제부터는 남을 의식하지 말아야지 하고 맹세와 다짐을 수없이 할 것입니다. 그런데도 자신도 모르게 <다른 사람들이 나를 어떻게 생각할까?>라는 생각이 당신의 뇌리 속을 떠나지 않고 있음을 깨달을 것입니다. 특히 지하철이나 버스 안과 같이 사람들이 많은 곳에서는 다른 사람들이 당신을 자꾸 쳐다보는 것 같아 그 증상이 더욱 심해질 것입니다. 안절부절못하고, 식은땀이 나며, 두려움에 휩싸이게 됩니다.

왜 이런 현상이 일어날까요? 인간의 내면적 마음이 겉으로 드러나는 생각을 지배하기 때문입니다. 정신분석학에서는 그것을 두고 인간의 무의식이 의식을 지배한다고 합니다. 개인의 무의식은 어느 날 갑자기 생긴 것이 아닙니다. 성장 과정을 거치는 동안 줄곧 주위 환경의 영향을 받아 차츰차츰 형성된 것입니다. 어린 시절의 성장 과정에서 지나치게 주위의 눈치를 살피면서 자라온 사람은 은연중에 남의 시선을 지나치게 의식하게 됩니다. 당신의 경우는 세 살 때, 부모님이 이혼한 후부터 줄곧 다른 사람의 눈치를 보면서 사는 습관이 생긴 것 같습니다. 전부 기록하지는 않았지만, 아니 전부 기억나지는 않겠지만 아마도 새어머니와 살게 되면서 겪은 정신심리적 갈등과 가족 관계에서 일어나는 많은 어려움들을 늘 체험하면서 살아왔을 것입니다. 당연히 자신의 욕망이나 희망 사항은 타의에 의해 억눌리거나 스스로 억눌렀을 테고, 다만 늘 주위 사람들의 눈치를 보면서 생활하게 되었을 테지요.

사실 사람들은 누구나 어느 정도 다른 사람들을 의식하며 삽니다. 남을 의식하는 정도의 차이만이 있을 뿐입니다. 그런데 그 정도가 너무 심해서 고통을 수반하면 이른바 대인 공포, 시선 공포라는 공황장애를 앓게 됩니다. 가족 관계 속에서 오랜 기간을 거치면서 쌓여온, 남의 시선을 의식하는 당신의 증상이 대학생인 지금은 친구, 여자, 도서관, 많은 사람들이 모인 곳으로 대체되어 나타난 것입니다.

다른 사람의 눈치를 보고, 시선에 민감한 사람은 자기가 없게 됩니다. 모든 것을 남이 하는 대로 따라 하고, 남에게 의존하는 것이 습관화

됩니다. 모든 기준이 다른 사람들에게 맞춰지고, 자기 자신의 욕망이 사라집니다. 좋아하고 싫어함, 해야 할 말과 하지 말아야 할 말, 바람직한 것과 그렇지 못한 것, 즐길 수 있는 것과 삼가야 할 것 등에 대한 판단이 스스로가 아닌 외부에 의해서 이루어지고 또 외부에 의해 결정됩니다. 더 이상 자신의 문제를 스스로 판단할 수 없는 사람이 되어버립니다. 그 결과 자기는 없어진 채, 주어진 의무에 따라 행동하고, 늘 남의 눈치와 시선을 의식하며, 타인의 욕망에 순응하여 자신을 카멜레온처럼 다양한 변색으로 남 비위 맞추며 살게 되므로 진정한 자신의 삶과 겉으

로 표출하는 삶이 괴리되고 왜곡되는 일종의 분열과 고통을 겪게 됩니다. 자기가 없는 삶은 노예와 같은 상태입니다. 이제부터 그런 상태 속에서 혼자 고민하지 말고, 적극적으로 당신의 문제를 해결하려고 노력해야 합니다. 친구나 학우, 친인척, 상담 선생님 등 가까운 사람에게 자신의 고민을 털어놓는 용기를 내세요. 과거의 아픔을 떨쳐버리고 자신의 인생을 찾아야 합니다.

꿈속에서 한 아이가 저를 괴롭힙니다

- 악몽 불안

삼십 대의 가정주부입니다. 불길한 꿈을 자주 꿉니다. 꿈속에서 한 아이가 항상 쫓아다니면서 저를 귀찮게 하고 성가시게 합니다. 그때마다 남편이 견딜 수 없게 밉습니다. 남편은 천주교 신자인데 저더러 영세를 받으라고 합니다. 왜 그런지 모르지만 저는 영세를 받기 싫습니다. 오래전에 오 개월 된 아이를 유산시킨 적이 있습니다. 천주교에서는 낙태를 반대하는 것으로 알고 있습니다. 꿈속에 나타난 이상한 아이가 왜 나를 못살게 구는지 모르겠습니다.

사람은 누구나 잘 때 꿈을 꿉니다. 꿈속에 나타난 것들은 사람들이 오랫동안 믿어왔던 것처럼 무시무시하고 허무맹랑하며 낯선 외계에서 온 사건들이 아닙니다. 꿈속의 장면들은 우리들 개개인이 정신 깊은 곳에 간직했던 생각에서 옵니다. 꿈속의 장면들은 자는 동안에야 비로소 나타나는 우리의 정신심리생활과 진정한 속마음을 의미합니다. 우리 인간 개개인은 꿈을 통해 속마음과 정신심리적인 삶 그리고 자기가 하고자 하는 것에 대한 욕망을 나타내곤 합니다. 그런데 이 진정한 자기의 속마음과 욕망을 성취하기 위해서 꿈을 매개로 변형된 계략들을 꾸미기도 합니다.

한 여자아이가 산더미처럼 쌓인 딸기 밭에 앉아 아주 왕성하게 딸기를 먹는 꿈을 꾸었습니다. 낮에 그 여자아이가 딸기를 먹으려 할 때 소화 불량과 설사를 이유로 어머니가 딸기를 빼앗았던 것입니다. 그래서 이 아이는 낮에 이루지 못했던 소망, 즉 딸기 먹는 것을 꿈속에서 실현했던 것입니다. 딸기를 먹고 싶은 욕망이 억압되어서 속마음, 무의식이 되었고 아이는 이 속마음을 꿈으로 이루어냅니다. 그래서 꿈을 <무의식적 욕망의 실현>이라고 부릅니다.

그런데 꿈으로 자신의 마음속에 있는 욕망을 표출한다 하더라도 꿈꾸는 사람은 그것을 강하게 부정하고 그것에 놀라거나 분개하곤 합니다. 그 이유는 꿈이 검열을 받기 때문입니다. 인간은 깨어 있을 때 항상 자기가 하고자 하는 욕망을 검열하고 통제합니다. 예를 들어 길을 걸어가는 어떤 여자가 아름답다고 해서, 지하철 안에서 앞에 선 남자가 멋있다고 해서 그냥 껴안을 수는 없습니다. 우리의 생각과 의식이 욕망을 검열하고 통제하기 때문입니다. 만약 이 욕망을 스스로 검열하고 통제하지 못하면 사회는 그를 용납하지 않고 감옥이나 정신 병원으로 보냅니다.

검열에 의해 통제된 가장 엄격한 욕망들로는 사회와 개인의 도덕적 양심과 규칙 그리고 성적 욕망을 들 수 있습니다. 그런데 자는 동안에는 이러한 욕망의 검열과 통제가 깨어 있는 상태보다 덜합니다. 검열 작용이 완전히 사라지지는 않았지만 깨어 있는 상태보다 강하지 않으므로 꿈속에서는 욕망이 변형되어 나타나게 됩니다. 그것이 얼핏 꿈이 황당무계해 보이는 이유입니다.

한 여성이 어느 날 흰 강아지를 목 졸라 죽이는 꿈을 꾸었습니다. 며칠 전에 시누이와 심한 싸움을 했는데, 남편과 그녀 사이의 일에 시누이가 성가시게 끼어들어서 너무도 미웠습니다. 가끔 시누이는 그 부인을 그런 식으로 괴롭히곤 했습니다. 시누이에 대해 품고 있던 앙심과 증오 감정이 꿈속에서 강아지를 목 졸라 죽이는 꿈으로 대치된 것입니다. 이는 어떤 사람이 내부에서 심리적인 압박을 받을 때 느끼는 불안에서 벗어나기 위해 그 원인을 외부 세계로 돌리는 심리 작용과 같습니다. 흔한 예로 <내가 그를 싫어한다>고 하지 않고 <그가 나를 싫어한다>고 하고, <남자 친구가 나를 찬 게 아니라 내가 그를 찼다>고 하는 식입니다.

마찬가지로 당신도 오 개월된 아이를 낙태한 것이 늘 마음속에 죄책감으로 남아 있는 것이고 그 죄책감을 천주교와 연관시켜서 더 괴로워하는 것 같습니다. 그래서 그 죄책감을 아이로 대치하여 그 아이가 당신을 괴롭히는 꿈을 꾸게 만든 것입니다. 그렇게 해서라도 괴로운 속마음을 달래야 할 테니까요. 또 유산에는 남편에게도 책임이 있다고 생각하니까 그 꿈을 꿀 때마다 남편을 미워하게 되는 것입니다. 이렇게 꿈을 잘 이해하면 고민이 풀리게 됩니다.

가위눌림에 몸이 마비돼요

- 신경성 증후군

사십 대 주부입니다. 낮잠을 자면 이상하게 맥이 없고, 가끔 가위에 눌리기도 합니다. 뭔가가 짓누르는데, 아무리 소리치려 하고 발악을 하려고 해도 소리가 나오지 않고, 몸이 말을 듣지 않습니다. 또 어떤 때는 이유 없이 온몸이 아프고 쑤시기도 하고, 몸이 마비되고 오그라드는 것 같습니다. 그래서 병원에 가서 진찰을 했는데, 아무 이상이 없다고 하고 단지 신경성이라고 합니다. 왜 이런 증상이 일어나는지 궁금합니다.

병원에 가서 진찰하면 어떤 특별한 병도 없고 원인도 모르는데, 몸이 이상하고 몸이 뜻대로 말을 듣지 않는 증후군이 있습니다. 이른바 신경성 또는 신경증이라고 부르는 증후군입니다.

신경증은 신체 기관의 이상 없이 진행되는, 일반적으로 널리 알려진 신경성 증세로 콤플렉스, 복합 심리, 복합 감정으로 인한 성격, 인성의 고장 증세를 말합니다. 신경증에 걸린 사람은 자기 자신이나 다른 사람과 관계가 원만하지 못하고 복잡하고 혼란스러운 생각 때문에 문제를 일으킵니다. 신경증에 걸린 사람은 일상생활과 일상의 현실에 항상 적응하지 못하면서 고통을 겪습니다. 신경증은 하나의 병 증후인데, 어떤 신체 기관의 이상이나 어떤 병원균의 침입에 의한 병이 아니라 인생 전반에 걸쳐서 발생하는 정신심리적인 병 증후군입니다.

예전에 상가에 문상을 갔었는데, 아직 더 살 수 있는 나이인데 화병으로 돌아가셨다고 하는 이야기를 들은 적이 있습니다. 화병도 하나의 신경증입니다. 전통적으로 화병이라고 부르는 병은 신체 기관의 이상이나 병균의 침입에 의해서가 아니라 참을 수 없는 고통 때문에 겪는 마음과 영혼의 병입니다. 화병은 대개 오래전부터 전 인생에 걸쳐 겪어왔던 고통을 의미합니다. 마찬가지로 신경성 심장병도 심장 그 자체의 문제라기보다는 환자를 짓누르고 있는 정신심리적인 고통에서 유래합니다. 이런 신경증에는 가슴앓이, 신경 쇠약, 히스테리, 강박증, 공포증, 불안증, 실패 신경증, 시험 신경증, 유기 신경증, 마귀 신경증, 전쟁 신경증 등이 있습니다.

주목할 만한 사항은 정신적이고 심리적인 문제가 신체적인 증후군으로 표출된다는 점입니다. 그래서 그때의 신경증을 심신증(psychosomatisme) 또는 신체화 증상이라 부르고, 소화기 계통의 신경증, 심장 계통의 신경증, 피부 계통의 신경증, 성적인 신경증, 호흡기 계통의 신경증 등의 병 증후군으로 분류합니다. 이외에도 수많은 방식으로 신경증의 고통이 육체의 아픔으로 드러날 수 있습니다. 임상에 의하면, 매우 격렬하고 공격적인 신경증을 가진 사람이 그 성격을 억압하고 참는 경우에 자신의 어깨나 손가락의 마비로 신경증을 나타내는 수가 있습니다. 또 불안한 상태를 너무 억압한 히스테리 환자가 자신의 신체와 근육을 오그라들게 하거나 마비시키는 식으로 그 고통을 표출하는 경우도 있습니다.

신경증은 개인의 창조성을 멈추게 하고, 기만하며 억압합니다. 신경증에 걸린 사람은 사람들이 일반적으로 행하는 방식과는 다른 엉뚱한 짓을 생각합니다. 아주 심한 열등감에 빠진 사람은 일반 다른 사람들이 확신하는 세상일을 믿지 않고 다른 식으로 해석합니다. 가령 한국 축구가 브라질 축구를 이겼다고 좋아하는데, 그는 괜히 배가 뒤틀립니다. 사촌이 잘되는 것을 매우 시기합니다. 죄책감에 빠진 사람은 다른 사람을 왜곡된 시각으로 봅니다. 그의 마음속에서 타인은 자동적으로 위험한 존재가 됩니다. 아마 당신도 어떤 이유에서인지는 모르겠지만, 신경증을 앓고 있는 듯싶습니다. 신경증의 원인은 무의식에서 유래됩니다. 전 생애에 걸쳐 쌓인 개인의 심층 문제이고, 응어리진 감정 문제이며, 무의식의 문제이기 때문에 전문가와의 상담이 필요합니다.

직장 상사 앞에 서 있기가 두렵습니다

- 죄책감

직장인 남성입니다. 저는 항상 죄책감을 느끼고 삽니다. 직장 상사 앞에 서 있기가 어렵습니다. 자꾸 제가 무언가를 잘못한 것 같은 느낌도 들고요. 여자 직원 앞에서도 똑같은 감정이 듭니다. 어쩌다 여자의 가슴을 보면 죄의식 때문에 얼굴을 못 듭니다. 여자 직원이나 여자 손님의 얼굴을 쳐다보지 못합니다. 어렸을 때 부모님이 자주 싸우는 것을 보며 자랐습니다. 아버지는 성격이 매우 까다롭고 포악해서 밥상이 조금만 늦어도 상을 걷어차곤 했습니다. 화가 나면 돈도 찢어버리던 기억이 납니다. 그래서 아버지를 굉장히 무서워했습니다. 아버지 앞에 서면 숨도 쉴 수 없습니다. 아버지를 증오하며 언젠가는 아버지가 없어졌으면 좋겠다고 생각도 했습니다. 지금은 고인이 되었지만 어머니는 굉장히 선했으며 항상 당하고만 살았습니다. 그때 저는 크면 어머니를 잘 모셔야겠다고 생각했습니다. 항상 죄책감 속에서 사는데, 왜 이러한 마음을 떨쳐버릴 수 없는지 모르겠습니다.

우선 오이디푸스 문제를 점검하면서 문제를 풀어 갑시다. 오이디푸스 단계 초기에 남자 아이와 여자 아이는, 모든 인간은 "하나의 남근"을 가지고 또 그래야만 한다고 믿습니다. 그때 아이는 남성과 여성의 차이성을 남근의 소유/남근 상실(거세)의 대립 개념으로 이해합니다. 이어 여자 아이와 남자 아이는 각각 성적 정체성에 이를 때까지 다른 길을 걷습니다. 이 길은 애정 충동을 만족시키는 대상(남근)이 여자 아이와 남자 아이 서로에게 다른 형태로 취급되기 때문에 다양하게 전개됩니다. 남자 아이에게 충동의 대상은 어머니이거나 더 정확히는 환상화된 어머니이고, 가끔은 의아하게도 아버지가 되기도 합니다. 여자 아이에게 그 대상은 먼저 환상화된 어머니이고 두 번째 단계에서는 아버지가 됩니다.

　남자 아이는 오이디푸스 상태에 들어가면 자기 어머니와 맺어진 환타즘에 몰입하면서 자기 페니스를 조작하기 시작합니다. 그러고 나서 아버지에 의해 엄포된 거세 위협과 남근을 빼앗긴(거세된) 여성의 신체를 인지하면서 닥쳐오는 불안(거세 불안)을 잘 배합하여 생각해낸 결과로 남자 아이는 결국 어머니 소유를 포기합니다. 남성의 오이디푸스가 조직되어서 절정에 이르렀다가 결말에 이를 때 나타나는 것은 죄책감과 거세 불안입니다. 말하자면 근친상간 금지의 법과 아버지 증오에 따른 죄책감, 가장 자랑스러운 대상으로 여긴 페니스가 강탈당하게 되는 것에 대한 두려움, 거세 공포증을 의미합니다. 어린 시절에 아이들이 어두움, 화장실, 갇힌 방, 귀신, 동물, 곤충 등을 무서워하는 것은 바로 이 무의식적 거세 불안의 표출 현상입니다. 앞에서 살펴보았던 <꼬마 한스>의 사례에서 거세 공포가 말로 대체된 것처럼 당신이 겪는 직장 상사 앞에서의 두려움도 근원적으로 이런 죄책감과 거세 불안이라 할 수 있습니다.

　남자 아이는 엄마에 대한 근친상간 욕망과 병행하여, 그것을 포기하도록 강요받는 상황에 처합니다. 그래서 아버지에 대한 미움, 적대감이 싹트고 아버지를 경쟁 상대자로 여김과 동시에 엄마에 대한 근친상간 욕망을 억압하게 됩니다. 거세 불안, 거세 공포 때문에 오이디푸스 감정, 즉 근친상간의 욕망을 억누르고 그것을 무의식 깊숙이 감추는 것입니다. 그럼에도 불구하고 근친상간 욕망이 멈추는 것은 아닙니다. 아이가 겪는 거세 불안은 병이 아닙니다. 그것은 아이에게 엄마의 소유를 포기하고 근친상간 금지를 명하는 아버지의 법을 받아들인다는 증거입니다. 엄마를 포기함과 동시에 아이는 아버지와 동일시합니다. 아버지와의 동일시는 바로 남성 동일시, 남성으로서의 정체성을 의미합니다. 그리하여 남자 아이는 자기가 겪어야 했던 오이디푸스의 갈등과 위기가 유익했고 건설적이었다고 생각합니다. 이유는 아이가 자신의 부족과 결여를 받아들이고 자신의 한계를 고려할 줄 알게 되었기 때문입니다.

이제 아이는 아버지 동일시에 따라 모방할 모델로 고려되는 아버지와 유대 관계를 맺게 됩니다. 남자 아이는 아버지를 자기가 되고자 하는 이상적 대상으로 여깁니다. 어머니와의 감정은 욕망의 충동과 다름없지만 반면 아버지와의 유대는 이상적 대상과 동일시하여 생산되는 사랑의 감정에 근거합니다. 어머니에 대한 욕망과 아버지에 대한 사랑이라는 이 두 감정은 서로 접근하게 되고 서로 만나게 되어 일반적인 오이디푸스 콤플렉스를 통과하게 됩니다. 그래서 남자의 오이디푸스에서 아버지는 세 가지 모습으로 정리됩니다. 아이가 좋아하고 모방하고 싶은 이상적 아버지상, 경쟁의 대상으로 여기는 증오의 아버지상, 아이가 바라는 사랑의 대상입니다. 이 세 가지 속성은 서로 교차되고 복합되며 혼합되기도 합니다. 또한 오이디푸스 콤플렉스는, 아버지와 어머니, 아이의 삼각 관계에 따라 변화무쌍하게 나타나고, 우리가 살아가는 동안 끊임없이 반복되고 재현되는 무의식의 심리 경험을 알게 합니다.

오이디푸스 콤플렉스를 통과하지 못하면 다양한 성격 장애를 겪을 수 있습니다. 가령 남자 아이에게 난폭하고 무서운 아버지는 오이디푸스 상황에서 아이가 닮고 싶은 모델, 이상적 아버지, 사랑의 아버지가 되어주지 못한 관계로 아버지와의 동일시를 하지 못하고 아픔을 겪게 됩니다. 아이는 무서움에 주눅이 들어서 자신감이 없거나 대인 관계에 두려움을 갖거나, 오이디푸스 상황에서 아버지의 자리를 차지하려는 무의식의 생각을 품은 것, 그런 죄책감에 무서운 벌을 받을까 봐 두려워하거나, 아니면 자신도 아버지처럼 폭력적인 무서운 사람이 될까 봐 두려워할 수 있습니다.

또한 우리는 오이디푸스 신화에서 오이디푸스가 아버지를 죽이고 어머니를 빼앗았기에 심한 죄책감에 빠져서 자기 두 눈을 찔러 장님이 되고 평생 유랑 걸식으로 고통 속에 살았다는 것에 주목합니다. 인간의 죄책감이라는 무의식 감정을 상징하는 이야기입니다. 사실 우리 주위에는 자책감, 자기 학대, 자기 거부, 자기 비하, 자괴감의 갈등 속에서 고민하는 사람들이 많이 있습니다. 그래서 이들은 항상 거짓 감정으로 살고, 대인 관계를 두려워하고, 사소한 일도 부정적으로 보며, 용서받기 위하여 본인의 진의와는 상관없이 남에게 무엇인가 베풀고, 다른 사람의 견해를 맹목적으로 따르는 성향이 있습니다. 더불어 이들의 성격은 소심하고 열등감에 차 있기도 합니다. 물론 죄책감의 반동형성으로 오히려 자기 죄를 합리화하고 또 다른 죄를 저지르며 더 큰소리 치고 더 잘했다고 방어하는 사람들도 있습니다. 그러면 이러한 죄책감은 어디서 올까요? 대부분의 죄책감은 무의식에 깊이 뿌리를 내리고 있습니다.

아버지는 잔소리가 심하고 성격이 까다롭고 포악하다고 했습니다. 밥상을 걷어차고, 돈까지 찢는 그런 무서운 아버지 앞에서 숨조차 못 쉬었다는 말에 수긍이 갑니다. 그래서 언젠가는 아버지가 없어졌으면 좋겠다고 생각한 적도 있다고 했습니다. 아버지를 미워하고 증오하는 감정이 무의식 깊숙이 자리 잡고 있는 것입니다. 그 증오가 어린 시절부터 계속되어 왔을 테니까 무의식의 한편에서는 아버지를 증오하는 자신이 미웠을 것입니다. 그래서 자기 질책, 죄책감을 낳은 것입니다. 더군다나 너무도 착한 어머니는 그저 당하기만 해서, 당신은 늘 어머니에 대한 연민이 사무쳤을 것입니다. 그래서 당신이 크면 어머니를 잘 모셔야겠다고 생각한 것입니다. 어머니에 대한 무의식적 연민입니다. 어머니에 대한 연민이 여자로 대체되어 여자 가슴만 보아도 죄책감이 들고 여자 얼굴을 정면으로 쳐다보지도 못하는 것입니다. 말하자면 어머니에 대한 무의식적 연민이 또 한 번 죄책감을 낳은 것입니다. 그래서 그 죄책감을 회피하기 위해 어머니의 무의식적 대체물인 여자들을 회피하는 것입니다. 그러므로 아버지에 대한 증오와 어머니에 대한 연민이 당신의 죄책감을 낳은 원인입니다. 마치 오이디푸스가 자기 아버지를 죽이고 어머니와 결혼해서 그 죄책감에 자기 두 눈을 찌르는 고통을 겪는 것처럼 말이지요.

부모의 말이나 행동, 사고 등 그 모든 것이 자녀들에게 영향을 미칩니다. 그래서 우리 인간은 부모의 짊을 지고 살아가는 존재입니다. 부모 인생의 역사를 대물림하면서 사는 것이 인간의 운명입니다. 한마디로 부모의 빚을 청산하는 운명에 사는 것이 인간입니다. 그러므로 이러한 무의식의 심리 현상을 잘 깨닫고, 오이디푸스적 죄책감에서 벗어나 부모로부터 독립하여 자신의 삶을 산다면 고민하는 문제가 저절로 해결될 것입니다.

제가 순결하지 않은 것을 알까 두렵습니다

- 혼전 성관계와 결혼 고민

저는 스물일곱 살의 직장인 여성입니다. 2년 전부터 동갑내기 회사 동료와 친구처럼 가까이 지냈습니다. 시간이 갈수록 우리는 점점 가까워져 잠자리까지 같이하게 되었습니다. 그런데 사소한 오해가 생겨 그만 헤어지고 말았습니다. 지금은 남들이 보면 뻔뻔스럽다고 생각할지 모르지만 여러 번 맞선도 보았습니다. 결혼하면 남편될 사람이 제가 순결하지 않은 것을 알까 두렵습니다.

당신의 고민을 듣고 나니, 유학 시절 아파트 창가에서 머리를 식히던 때가 떠오릅니다. 제가 살던 아파트 바로 옆에 커다란 잔디 운동장이 있었습니다. 평일 저녁 때면 동네 꼬마들이 공을 차며 뛰어노는 곳이고, 주말이면 지역 아마추어 축구팀의 축구 경기장이 됩니다. 또 평상시 학기 중에는 근처 초, 중, 고등학생들의 운동장으로 사용됩니다. 저는 눈이 피로할 때면 가끔 창밖을 바라보곤 했습니다. 어떤 호기심이 나를 유혹했다고나 할까요. 학생들의 체육 활동이 그랬습니다. 그들은 주로 육상, 럭비, 축구, 창던지기 등을 즐겼습니다. 특히 낯선 이방인을 매혹시킨 것은 럭비입니다. 여학생들의 덩치가 더 큰 것으로 보아 초등학교 6

학년이나 중학교 1학년쯤 되는 학생들이 럭비를 합니다. 물론 남녀 함께 말입니다. 그런데 놀랍게도 남학생들이 여학생들의 힘에 밀립니다. 덩치 큰 여학생이 툭 밀면 남학생은 여지없이 넘어집니다. 공을 뺏겠다고 남녀 서로 몸을 부딪치고 씨름합니다. 여학생들이 당당하게 남학생들을 제압하는 모습이 너무도 인상적이었습니다. 그래서 그런지 프랑스 여자는 남자에 비해 당당하고 확실해 보였습니다.

프랑스 여성 작가 시몬 드 보부아르는 『제2의 성』에서, 여자들은 그들이 열등한 존재로 만들어졌으며 천성적으로 열등한 존재라고 생각하는 남자들의 신념에 의해 형성되어 왔다고 말합니다. 남자의 지배에는 순종해야 한다는 종속 원리의 사상적 풍토를 조성해 왔습니다. 이 종속 원리는 성 문제와도 관계가 있습니다. 즉 성관계에서 남자와 여자는 대등한 입장에 있지 않습니다. 하위인 여성이 상위인 남성에게 서비스를 제공한다는 관념이 전통적으로 자리 잡고 있습니다. 거기다가 물질 자본주의가 급속도로 유입되면서 여성의 성은 상품으로 전환하는 사태까지 겹치게 됩니다. 아시다시피 우리 사회에는 법으로 금지되었음에도 각종 매춘 행위가 자행되고 있지 않습니까. 여자의 성을 상품 가치로 여기는 남자들의 신념은 처녀성의 존중으로 연결됩니다. 그래서 그들은 처녀성을 상실했다는 의미를 상품 가치가 손상되었다는 의미로 해석할 것입니다. 더욱 놀라운 것은 남자들이 만들어 놓은 이 어처구니없는 허위 신념을 믿고 따르는 여성들 자신입니다. 그래서 결혼 전에 다른 남자와의 성관계가 있으면 무엇인가 커다란 것을 잃었다고 생각합니다. 특히 이 점이 결혼을 앞둔 많은 여성들이 두려워하는 점인 것 같습니다.

당신이 염려하는 것도 그런 점에서 크게 다르지 않습니다. 여성은 태어날 때부터 <나는 여자입니다> 하는 식으로 원래 그렇게 열등한 존재가 아닙니다. 다만 후천적으로 <나는 여자입니다>라고 말하도록 만들어지는 것입니다. 어떤 정신분석학자는 모든 여성은 순결하다는 환상을 믿고 산다고 합니다. 그래서 순결 콤플렉스가 생기는 것 같습니다.

결혼 전에 성인 남녀가 연애하고, 연애하다 보면 잠자리도 같이하게되는 것은 아주 자연스러운 일입니다. 그것이 죄가 될 아무런 이유도 없습니다. 오히려 그렇지 않으면 더 큰 문제가 발생할 수 있습니다. 불감증의 원인이 될 수도 있습니다. 지금은 조선시대가 아닙니다. 성은 더이상 터부가 아닙니다. 법의 테두리 안에서 "사랑한다, 좋아한다, 사귀고 싶다, 싫다, 헤어지자" 등 자유롭게 표현하고 관계를 맺는 사회입니다. 모든 인간은 인정받고 사랑받고 싶다는 근본적인 욕망에 지배되는존재입니다. 욕망이 없고 욕망의 좌절과 실패만이 있다면 끔찍한 일이벌어질 것입니다. 다만 그것이 왜곡되고 너무 일탈되고, 일탈이 습관화되어 이 남자 저 남자 닥치는 대로 즐기는 수준까지 가면 문제가 될 수있겠지요. 인간은 자신의 탐욕만으로는 살 수 없기 때문입니다. 엄연한현실이 있습니다. 자기 책임이 있습니다. 그래서 길거리에 가는 아무 남자 품에 안긴다든지, 지하철 안에서 아무 여자의 손이나 잡으려 한다든지 하면 사회는 절대로 용납하지 않습니다. 감옥이나 정신 병원으로 보냅니다. 제가 보기에 정상적인 남자라면, 당신이 염려하는 바와 같이 아내의 추억을 죄로 삼을 사람은 별로 없다고 봅니다. 또 그렇게 믿고 살아야 합니다. 미래의 남편은 이미 당신과 같은 경험을 했을 테니까요. 그러니 아무 염려 말고 당당하게 사십시오.

남들과 어울리지 못합니다

- 소외감/소속감

삼십 대 중반의 남자입니다. 2남 2녀 중 장남입니다. 책임이 막중하죠. 그런데 삶의 의욕이 없습니다. 나이가 서른이 훨씬 넘었는데, 외박도 할 수 있고, 늦게 올 수도 있는데 부모님께서 이해를 못 하십니다. 복장 단정히 해라, 집에 일찍 들어와라, 수염 깎아라, 공부해라. 야단맞고, 혼나고, 잔소리를 듣는 것이 지겹습니다. 독립하자니 용기가 나지 않습니다. 부모님이 허락하시지를 않을 테니까요. 직장에서는 일할 의욕이 없습니다. 그냥 시키는 일만 하고, 종종 실수를 저지릅니다. 남들과 어울리지 못해서 심한 소외감과 열등감에 빠져 있습니다. 남들처럼 성숙해지고 싶고, 일의 보람도 찾고, 희망도 갖고 싶습니다.

동해 바닷속에 용성국이 있었습니다. 그런데 용성국의 대왕에게는 오랫동안 아들이 없었습니다. 그래서 아들 낳기를 빌었는데, 기도를 드린 지 칠 년 만에 왕비가 커다란 알 하나를 낳게 됩니다. 대왕은 <사람이 알을 낳았으니, 상서롭지 못한 일이다>라고 하면서, 그 알을 상자에 넣어 바다에 버립니다. 어느 날 한 할머니가 바다에서 이 상자를 발견합니다. 건져서 상자를 열어 보니, 거기에 한 어린 사내아이가 곱게 누워 있었습니다. 이 아이 이름은 탈해입니다. 탈해는 보통 사람과 다르게 아주 총명하고 지혜롭게 자라서 훗날 왕이 되었다고 합니다. 우리나라의 한 설화입니다. 한국판 모세 이야기라 할까요?

이 이야기에는 아이가 <버림받았다>는 상징적 의미가 담겨 있습니다. 오랜 옛적부터 전해 내려오는 이야기, 신화, 전설, 민담, 동화 등에는 심심찮게 주인공이 버려지는 이야기가 있습니다. 기아(유기) 모티프라 부르는 이야기들입니다. 성서에 나오는 모세는 나일강에 버려졌고, 주몽신화에서 주몽도 아버지에 버림받고, 고대 그리스의 오이디푸스 신화에서도 오이디푸스는 아버지가 신의 예언을 미리 예방하려고 오이디푸스를 산에 버렸습니다. 콩쥐팥쥐 이야기에서 콩쥐는 원님 잔치에 못 가고 집에서 물긷고, 옷감짜고, 밭갈고, 청소하고 빨래하라고 내팽개쳐집니다. 신데렐라 이야기에도 언니들은 무도회에 가는데 신데렐라는 집에 남아서 더러운 일이나 하도록 버림받는 장면이 나옵니다.

인간의 심성에는 버려지는 감정, 소외감, 분리 감정, 따돌림 당하는 감정이 있습니다. 이러한 공통된 감정이 오랜 옛적부터 입에서 입으로 전해졌고, 문자가 발명되어 누군가에 의해 정리되어 우리에게 신화, 민담, 동화, 소설, 영화, TV드라마 등으로 전해지게 된 것이지요. 그래서 사람들은 소외감, 버려짐의 왕따 감정에 대한 보상 심리로 어느 단체나 집단에 소속하려 듭니다. 각종 모임, 동창회, 협회, 동우회, 향우회, 친목회, 종교 집회, 연구회, 정당, 단체, 학교, 종친회 등이 다 소속 감정의 증표들입니다.

사실 인간은 소외되고 버림받으면 불안에 빠지게 되고, 그 불안이 심해지면 어떤 병적 증후군을 유발합니다. 소외되지 않기 위해서, 버림받지 않기 위해서 될수록 모든 것을 수락하고 받아들이는 경우를 우리는 주위에서 종종 목격합니다.

그러면 버림 받음, 분리 감정, 소외감, 왕따 감정은 처음에 어떻게 생길까요? 최초의 분리 감정은 어머니의 자궁에서 밖으로 나올 때 시작되겠지요. 우리는 그것을 탄생의 트라우마라 합니다. 탄생 때 아기는 죽음의 불안, 분리의 불안, 단절의 심적 상흔을 겪습니다. 그래서 이런 불안을 진정시키기 위해 부모, 특히 엄마는 태아 때부터 하던 것처럼 아기에게 다정하게 말을 하면서 편안하게 안아주고 젖을 주어야 합니다. 아기는 엄마의 품에 안겨 목소리를 들으면서 안정을 찾고 평정심을 갖게 됩니다. 그 후 또 한 번의 분리 감정의 트라우마는 어머니로부터 젖을 뗄 때 겪습니다. 젖떼기는 또 한 번의 심적 상흔으로 소외감을 낳습니다. 어쩔 수 없이 아이는 점차 태초의 낙원인 어머니 품으로부터 분리되어야 한다는 것을 깨닫습니다. 이러한 순서를 밟으면서 우리는 조금씩 부모로부터 벗어나 독립된 인격을 만들어 가게 됩니다. 말하자면 분리 감정, 소외 감정을 수용하고 인정하면서 인간의 인격은 성숙해 갑니다.

그런데 이러한 분리 감정을 거부하려는 사람들이 있습니다. 스스로 독립하는 힘을 잃고 너무 억압적이고 힘이 세며 권위주의적인 분위기에서 자라온 사람의 경우 그런 감정을 가질 수 있습니다. 그렇게 자라온 사람은 심한 열등감, 나약한 감정과 불안감에 빠지게 되며, 심각한 불행감에 빠져 고통을 겪게 됩니다. 이들은 끊임없이 다른 사람들에게 소외감을 갖습니다. 그래서 다른 사람들에게 의존해야 안전하다고 생각합니다. 그렇게 훈육받아 왔기 때문입니다. 그 무시무시한 부모 앞에서 했던 것처럼 그는 다른 사람 앞에서도 똑같이 행동합니다.

부모님이 두려운 대상이라고 했습니다. 장남이자, 나이 삼십 대의 성인인데, 항상 야단맞고, 혼나고, 잔소리를 듣는다고 했습니다. 이러한 현상은 어린 시절부터 줄곧 있었을 것입니다. 그래서 당신은 심한 열등감, 나약함, 소외감 속에서 살아왔던 것입니다. 당연히 될 대로 되라는 식으로 부모님에게 자신을 떠맡긴 채 생활한 것입니다. 또 그것이 은연중에 습관화되어 직장이나 다른 사람과의 대인 관계에서도 그렇게 하고 있습니다.

자기 자신을 잘 분석해야 문제 해결의 실마리를 풀 수 있습니다. 분리라는 감정, 소외의 감정을 거부하지 말고 그것을 인정하십시오. 인생은 이미 소외된 존재입니다. 부모의 품속에서 평생을 살 수 없습니다.

그러니 먼저 용기를 내어 부모로부터 독립을 시작하셔야 합니다. 자기 삶을 살아야 인생이 즐겁습니다. 기아 모티프 이야기의 주인공들처럼 겪고 있는 인생의 혹독한 시련들을 인내하며 지혜롭게 잘 이겨낸다면 행복이 찾아올 것입니다.

최순실 국정농단과 소유욕

- 소유욕 증후군

> 남자아이를 둘 둔 어머니입니다. 남편과 저는 직장을 다닙니다. 큰아이는 괜찮은데, 작은아이가 무언가를 사 달라고 항상 조릅니다. 어렸을 적에는 어리니까, 그리고 제가 직장을 다니니까 사줘 버릇했습니다. 그런데 초등학교 2학년이면 멈출 때도 됐는데 계속 그럽니다. 그래서 버릇될까 싶어 야단도 치고 혼도 내주었는데, 계속 조르고 물건에 대한 집착을 버리지 않습니다. 무슨 이유 때문에 그럴까요?

물질에, 돈에 너무 집착하는 사람들이 있습니다. 어떤 아이는 장난감에 지나치게 집착합니다. 집에 장난감이 많은데 무작정 새로 사달라고 조릅니다. 어떤 아이는 새로 나온 인형, 전자 제품, 전자 오락기를 사 달라며 부모님을 곤경에 빠뜨립니다. 어떤 사람은 신발이 많이 있는데 또 사들입니다. 어떤 부인은 옷이 많아서 어떤 옷이 있는지 모를 정도인데 또 옷을 삽니다. 어떤 사람은 자동차를 수시로 바꿉니다. 어떤 사업가는 이유를 불문하고 돈 있는 곳이면 어디나 달려갑니다. 어떤 정치가는 돈을 착복하는 데 귀신입니다. 어떤 사람은 무엇이든 일단 자기 주머니에 들어가면 꺼내질 않습니다. 가만히 생각해 보면 그렇게 극성을 부릴 이유가 없는데, 물질에 너무 집착합니다. 이른바 물질 소유욕에 빠져 있는 증후군입니다. 그러면 이러한 소유욕은 어디서 유래할까요?

그것의 근원을 추적하기 위하여, 우리는 어머니 젖을 먹던 시절로 돌아가야 할 것 같습니다. 인간은 태어나자마자 어머니 젖을 먹습니다. 엄마 젖은 배가 고파서 먹을 뿐만 아니라 어머니 사랑의 대체물이기도 합니다. 배가 부른데도 아이는 엄마 젖 또는 우유를 계속 빨면서 기뻐한다는 사실이 이것을 입증합니다. 더군다나 엄마 젖이 없으면 그 대체물인 손가락, 이불, 장난감을 빨면서라도 욕구를 충족하려 합니다. 교육받기 이전의 아기에게는 도덕, 윤리 등의 사고가 아직 없고 다만 어머니 젖과 연관된 즐거움, 쾌감만이 있을 뿐입니다. 그래서 어머니 젖을 먹으면서 느끼는 환희, 쾌감을 구순애라 합니다. 아이의 젖 빨기 쾌감은 손가락, 이불, 장난감 빨기뿐만 아니라 성장해 감에 따라 음주, 흡연, 키스로 이어집니다. 이러한 맥락에서 술주정꾼, 알코올 중독자의 원천적 욕망은 어머니 젖을 먹던 시절의 구순애에 머물러 있다고 할 수 있습니다. 또 그는 구순애에 지배당하고 있는 정신 연령상의 미숙아라고 볼 수 있습니다.

인간은 평생 아이로 살 수 없습니다. 평생 젖을 먹으며 살 수 없습니다. 아이는 어머니 젖을 점점 멀리하고, 성장하며 성숙해야 하는 것이 인생의 이치입니다. 그런데 젖을 먹던 시절, 구순애 고착에서 벗어나지 못하는 사람들이 있습니다. 예를 들어 무엇인가를 끌어들이려는 강한 충동에 사로잡혀 있는 사람입니다. 마치 아이가 젖을 입 속으로 끌어들이려 하는 것처럼 보고 듣는 것이면 무엇이든지 끌어들이려 하는 사람입니다. 그런 욕구는 물질의 소유욕뿐만 아니라 사랑, 지식, 돈, 권력 등과 같은 추상적인 것도 있습니다. 이러한 소유욕 증후군은 자라나는 환경 속에서 가난의 아픔, 사랑과 관심의 부재, 대화 및 상호 교감의 부재 등에서 기인합니다.

전부 다 그런 것은 아니지만 1950년대, 1960년대의 한국은 한국전쟁이라는 동족상잔의 비극을 겪은 후 폐허 속에서 먹고 입고 자는, 가장 기본적인 삶의 결핍에 시달립니다. 그런 삶에 찌들리면서 부모의 사랑과 관심이 무엇인지 알지도 못하고 받지도 못하며 자라게 됩니다. 그러나 인간은 기본적으로 사랑을 갈망하는 존재입니다. 잠시 미루어 두었던 사랑, 잃어버린 사랑은 열심히 벌어서 돈으로 그 모든 것을 소유하면 사랑도 소유할 수 있다고 생각하는 것입니다. 그래서 가난했던 부모들 세대는 돈 버는 것, 부동산 소유하는 것, 모든 것을 소유하는 것, 권력에 집착하게 됩니다. 소유가 곧 사랑이라는 등식이 되어 끊임없이 소유와 권력에 집착하게 됩니다. 원래 사랑이란 채워도 채워도 채워지지 않는 것인데, 돈 벌어 물질적으로 소유하면 그것을 얻을 수 있다고 생각한 것입니다. 그래서 끊임없이 소유와 권력에 집착하는 소유욕 증후군에 시달리게 된 것입니다.

온 세상을 떠들썩하게 한 <최순실−박근혜 국정 농단사태>도 그런 <물질 소유욕 고착>으로 이해될 수 있습니다. 그래서 어떤 식으로 모았는지 재산이 그렇게 많은데도 권력을 이용하여 또 돈을 빼돌리고 법 어기고 부정 축재하는 그 욕심에 온 국민이 분노하지 않았습니까? 소유욕 집착, 소유 욕심에 살고 있는 사람은 정신 연령이 낮은 사람입니다. 젖먹이 아이같이 덜 성숙한 사람입니다.

부모의 직장 생활로 아이는 부모의 관심과 사랑을 못 받는다고 느껴왔을 겁니다. 그런 이유로 장난감을 사 달라는 말은 부모의 사랑을 달라는 이야기로 이해될 수 있습니다. 겉보기에 원하는 물질을 소유하면 만족되는 것 같지만, 사실은 무의식 속에서 끊임없이 어머니의 사랑을 찾고 있기 때문에 소유의 만족은 순간일 뿐이지 해결책이 아닙니다. 그러므로 아이가 조르는 것을 사주기보다는 힘들더라도 사랑을, 관심을 아이에게 확인시켜 주는 방법을 택하십시오. 우선 아이가 엄마, 아빠의 직장 생활을 이해하고 받아들이는 것이 중요합니다. 인간은 누구나 자기 일을 하는 것이며 그러면서 성장하고 발전해 가는 것임을 잘 설명해야 합니다. 자녀의 성장에 부모와 가족의 관심과 대화가 중요한 것이므로 부모는 자녀에게 좀 더 많은 시간과 관심을 가지고 대화를 하며 교감을 나눠야 합니다. 그리고 물질적 소유욕을 멀리하는 환경, 즉 친구들이나 운동이나 어떤 소그룹에 참여하여 또래 친구들을 사귀고 놀면서 아이의 관심 세계를 넓혀가도록 하는 것도 좋은 방법이 될 것입니다.

집단 신경증과 민주 사회

　친구들이나 어떤 집단끼리 어울리게 되면 이성을 잃고 잔인해지는 청소년들이 있다. 평범하던 직장인 가운데에도 예비군복을 입으면 자신은 더 이상 직장인이 아닌 양 행동하는 사람이 있다. 국가를 지키는 정의의 사도라고 외치던 군인들이 폭력 집단이 되어 무자비한 만행을 저지른다. A라는 종교 단체에 B라는 종교를 믿는 사람이 들어가면 A종교인들은 이성을 잃고 B를 공격한다. 대부분이 A정당의 지지자인 술자리에 B정당을 지지하는 사람이 끼면 그리 옳은 것도 아닌 논리로 B를 몰아붙인다. 대부분 A지역 출신의 대화 자리에 B지역 출신이 뭐라 하면 B를 감정적으로 몰아붙인다. 사이비 종교, 사이비 지도자, 사이비 언론, 사이비 정당, 사이비 약장사, 사이비 다단계, 부동산 투기, 가상화폐 투기, 경마와 경륜, 인터넷·스마트폰 중독, 성형 중독, 게임 중독 등 각종 도박 중독, 무속, 점술이 성행한다.

　예전보다 많이 나아졌다고 하지만 우리 사회에서 일어나는 집단 신경증의 현상들이다. 불안 심리가 만연된 사회와 신경증, 우울증이 심한 사회에서 흔히 볼 수 있는 현상이다. 분명히 합리적으로 생각해 보면 그런 것이 아니었는데, 자신도 모르게 마치 최면에 걸린 사람처럼 이성을 잃고 집단이 하라는 대로 비이성적이고 야만적이고 잔인한 행동을 하면서 헛된 망상을 꿈꾼다. 신경증적인 사람이 집단에 가담하면 흥분 상태에 빠지거나 충동적으로 변한다. 그래서 자기 집단의 요구대로 잔인할 수도 있고, 소영웅 심리를 발휘하기도 하며, 소심할 수도 있게 된다. 이와 같이 한 집단의 부분이 된 신경증 환자는 원시적인 정신 상태로 퇴행하게 된다. 혼자일 때는 교양 있는 척하지만, 집단 안에서는 야만인으로 행동할 수 있으며, 폭력을 저지르기 쉽다. 세상 사물에 대한 판단과 자기 판단력을 잃고, 감정적으로 되며, 자신의 도덕적 기준과 금지를 망각한다. 원시인이나 어린아이 같이 일관성 없고, 예측할 수도 없는 행동을 한다고나 할까?

그런 사람들이 집단에 가담하면 개인의 양심의 소리는 억눌리게 된다. 이때 집단의 지도자는 집단 심리의 중심인물이 된다. 이러한 신경증적인 불안 심리를 잘 이용할 줄 아는 사람이 바로 사이비 지도자요, 점성가요 카리스마적 지도자이다. 그 대표적인 예가 독일의 히틀러이다. 그때 그 집단 지도자는 집단의 구성원들에게 이상형이 된다. 최면에 걸린 사람이 최면술사에게 자기의 모든 것을 맡겨버리듯 점성가 또는 집단 지도자에게 모든 비판 능력을 맡겨버린다. 갓난아이가 어머니에게 모든 것을 의존하는 심리와 같이 점성가 또는 집단 지도자의 마력에 이끌려서 자신의 양심을 거부하고 맹목적으로 순종하게 된다. 그런 지도자에 순종하고 의존하는 개인은 잔인하고 파괴적으로 될 수 있을 뿐만 아니라 자기를 맹목적으로 희생하고 헌신하는 식으로 망상에 사로잡힐 수 있다. 오늘날에도 국제적으로 악명 높은 이슬람 극우 테러 조직(IS)이 그러하고 각종 사이비 극우 종교 집단, 인종차별 극우 집단, 극우 민족주의 집단, 극우 정당, 외국인 배척 극우 정치집단, 일본 군국주의 극우 집단, 조폭 집단, 각종 이익집단 등에서 이런 극단적인 집단 신경증 현상을 볼 수 있다. 또 제2차 세계대전의 주범인 히틀러가 이끈 나치즘을 비롯하여 일본 천황을 정점으로 삼는 일본 군국주의, 김일성·김정일·김정은 3부자의 북한정권, 전두환 씨를 지도자로 한 한국의 군사 독재

Mort | Thot inscrit le résultat | Anubis pèse le cœur du mort à l'aune de ma'at | Osiris est juge

정권 등도 이런 집단 심리 현상의 구조에서 크게 벗어나지 않았다. 말하자면 체격은 어른인데, 정신은 어린아이의 수준을 크게 벗어나지 못했다고 할 수 있다.

이런 집단 신경증 증후군을 조장하는 것으로 두 가지 측면을 들 수 있다.

먼저 우리 사회의 대형 사고, 불신 풍조, 정치적 이데올로기의 싸움, 정치와 언론, 법조, 정보기관 등 권력 기관의 부패, 극심한 경쟁의식, 실업과 취업난, 국가 지도자들의 인격 자격 미달, 가치관 왜곡과 혼란 등으로 인한 불안 증후군이 이런 집단 신경증과 망상 증후군을 조성하는 것 같다.

둘째로 우리 사회를 멍들게 하는 것은 이런 집단 심리를 따르는 개인의 불안과 신경증, 의존성, 맹목성이다. 이런 사람들은 그 불안을 견딜 수 없어서 강력한 카리스마에게 자신을 맡겨버리고 책임을 떠넘기는 도피심리, 의존 심리를 갖게 된다. 그동안 우리 사회는 사회가 불안하고 힘들 때마다 이런 불안 심리를 이용하여 안보 불안, 전쟁 위기, 경제 위기를 들이대면서 권력을 획득하고는 그 권력을 사유화하여 휘두르는 지도자의 모습을 여러 번 경험하지 않았는가? 이런 현상은 독재사회, 권위주의 사회에서 민주 사회로 가는, 어린애가 성숙한 어른으로 가는, 신경증 환자가 건강한 사람으로 가는 길목에서 거쳐야 할 통과 제의인 것 같다.

건강한 사회와 민주 집단은 독재 집단과 권위주의적인 집단, 신경증 집단과는 양상이 다르다. 건강한 사회와 민주 집단은 지도자에 대한 맹목적인 도피 심리, 의존 심리에서 벗어나서 정의를 추구하고 정의로운 지도자를 믿고 따르는 한편 비판적으로 감시하고 자기책임을 다한다. 건강한 사람은 최면에 걸리지 않고 거짓 선전, 유언비어와 점성, 예언에 현혹되지 않는다. 그는 정의롭고 합리적이고 객관적인 판단을 하므로 집단 신경증에 휩쓸리지 않고 옳고 그름의 사리 판단이 정확하다. 건강한 사람과 건강한 사회는 개인의 삶과 개인의 다양성을 존중하고 더 성숙하고 잘 살기 위해 함께 나눔의 사회적 유대, 공동체적 형제애를 추구한다. 인간은 이웃과 함께, 환경과 함께 마음과 물질을 나누고, 생각과 감정을 교환하고 소통하면서 행복을 얻는다.

제2부

한 연쇄살인범에 대한
정신분석학적
심층 연구를 위하여

한 연쇄살인범의 심리분석

현대 사회에서 버려진, 낙오된, 상처받은, 정체성을 잃은, 사랑을 잃은 한 인간의 소외가 얼마나 엄청난 범죄를 낳게 되는지를 공식적으로 20명(비공식으로는 30명)을 살인한 연쇄 살인범 유아무개를 정신분석학적으로 검토해봄으로써 살펴본다.

1. 거울상계와 연쇄살인범 유아무개

라캉 정신분석의 거울상계는 인간 존재가 어떤 모습을 띠고 있는지를 설명하는 것으로 인간 존재가 환경이라는 거울 속에서 자기 이미지를 인식해 가는 장면을 의미한다. 그것은 애초에 어떻게 아기가, 인간이 닮은 영상에 대한 동일시를 통하여 자신의 영상을 지각함으로써 자신의 동일성, 아이덴티티를 형성하는지를 설명한다.

거울 앞에 선 아기가 점차로 자기의 실제 몸과 거울에 반사된 몸의 영상을 구분하기에 이른다. 말하자면 상상적 공간에 위치한 주체가 도달한 상징적 이해 덕분에 자신의 동일성에 도달되는 것이다. 거울 영상은 곧 상상계에서 상징계로의 이행을 설명하는 것이다.

처음에 아이는 자신의 몸, 자기 신체가 무엇인지를 사고하지 못한다. 다만 자신의 신체가 조각조각 분열되어 있다고 지각할 뿐이다. 아이는 자기 신체의 통합된 몸, 자기 동일성, 자기 정체성을 그를 돌보는 타자의 이미지, 어머니의 이미지, 자기 앞에 펼쳐진 환경, 그 시니피앙 안에서만 찾을 수 있다.

거울상계에서 처음에 아이는 거울 이미지 앞에서 또는 자기 어머니로부터 자기와 타자를 혼동하고 동일시하는 닮음 꼴을 본다. 그래서 다른 아이가 넘어져 우는 것을 보고는 마치 자기가 넘어진 것처럼 울기도 한다. 남이 우는 것을 보고 자기도 운다는 것은 타자와의 동일시를 뜻한다. 타자와 자기의 동일시 관계, 타자와 자기의 혼동 관계를 라캉은 "양자 관계(la relation duelle)"라 부른다. 즉 양자 관계에서 아이는 어머니가 욕망하는 것을 욕망하여 어머니의 욕망을 충족시키기 위해 자신을 어머니가 욕망하는 대상인 팔뤼스[2](남근, Phallus)와 동일시한다. 어머니의 팔뤼스(남근) 결핍을 자기가 메움으로서 어머니의 삶에 필수적으로 동화되는 것이다. 이렇게 되면 아이는 주체가 아니라 아무 것도 아닌 공백이요 무가 된다. 라캉의 말을 빌려보자.

---

[2] 라캉의 팔뤼스(Phallus)는 굳이 번역하자면 남근이라고 할 수밖에 없다. 그 뜻은 해부학적 성 기관이 아니라 욕망의 시니피앙을 말한다. 라캉의 이론에서 남근은 더 이상 남성 성기를 의미하지 않는다. 그것은 성적인 차원에 의존하는 모든 종류의 것에 대한 의미화 기능을 갖는 것으로 매우 특별한 시니피앙을 명명하는 이름이다. 남근은 쾌감 자체의 시니피앙이 아니라 쾌감, 욕망의 여정을 가르키는 경계 표시라는 의미이다. 다시 말해서 욕망의 여정 상태를 나타내는 경계 표시를 나타내는 시니피앙이 바로 남근이다. 그래서 남근은 남자 성기라는 물질적인 것을 재료로 하여 쾌감의 기원을 나타낸다. 또한 남근은 병 증후나 환타즘 또는 행동이라는 형태로 쾌감을 외부로 표출하는 쾌감의 표출이요, 타자의 쾌감이라는 신화적 세계를 열고 닫는 경계의 기능이다. 라캉 이후로 남근은 더 이상 남성의 실제 페니스를 의미하지 않는다. 남근은 남자도 소유하지 않았고, 여자도 소유하지 않았다. 그것은 인간의 욕망, 성 쾌감의 과정을 나타내는 하나의 경계 표시일 뿐이다.

"거울상계를 분석적 용어로 완전한 의미의 동일시로 이해해도 좋다. 다시 말해서 주체가 이미지를 자기 것으로 떠맡으면서 일어나는 변형을 의미한다. 이마고(Imago)라는 고전적 용어의 사용으로 이 단계의 효과론적 예정론이 잘 설명된다. 갓난 아이 시절의 정신적 기동력의 무력과 양육의 완전한 의존 속에 빠져있는 인간 존재가 거울 영상 이미지를 통한 자기 발견의 기쁨이 나타나는 것은 상징적 모태를 모범적인 상황으로 상정하면서 부터인 것 같다. 바로 이 상징적 모태를 통해 나는 재빨리 나의 태초적 어떤 형태를 갖추게 된다. 그것은 타자와의 동일시하는 변증법이 객관화되기 전이요, 언어가 주체의 기능으로 인간 세계에 재생되기 전이다."(Lacan 1966: 94)

라캉의 말을 빌리면 인간 존재의 태초 형태는 타자로 아이를 지배하는 모성적 이마고이다. 예컨대, 태내에서의 삶은 바로 태초의 모성적 이마고인 것이다. 여기서 탄생은 충격적인 급격한 단절과 분리 감정을 준다. 오토 랑크(Rank Otto)는 그것을 탄생의 트라우마, 탄생의 심적 외상증(traumatisme)이라 했다. 탄생할 때, 모든 인간은 근원적인 분리와 상실의 상처를 겪는다. 그것은 이어 젖떼기 상처, 이유로 이어진다. 그래서 그 상처는 마음속에 등록되고 저장되어 충동이 될 것이다. 이런 분리 충격의 거부가 바로 태고적 어머니, 남근적 어머니의 절대적 힘에 투사된 나르시시즘적 동일시의 이미지로 받아들여지는 모성적 이마고를 낳는다. 이런 이유로 인간은 태초의 이미지인 모성적 이마고로 회귀하기를 무의식적으로 회구하면서 근원적 상실의 상처를 극복하고자 노력한다.

사실 인간은 누구나 태어나 어린 시절 동안 엄마 또는 엄마의 대리인에 의해 행해지는 환경에 절대적으로 의존하는 상태에 있게 된다. 다시 말해서 아기는 엄마(환경)와 자신(아기 주체)은 하나였을 뿐이다. 엄마 또는 환경이 아기의 생존에 필요한 것들을 완벽하게 제공하고 들어줌으로서 인성과 인지가 발달해 간다. 아기주체는 타자와의 관계를 통해서 존재의 기초를 세우는 것이다. 그러므로 애초부터 아기는 타자와 감각

운동, 소리, 몸짓, 냄새 등의 교환을 하는 언어의 존재가 된다. 아기는 타자와 상호 간의 정신심리적 의사소통을 요구하는 욕망하는 존재인 것이다. 욕망의 만족은 아기의 존재에 자리, 준거, 정체성을 부여하여 대상의 탐색과 인지와 인성을 발달시킬 것이다. 반면에 타자와의 정신심리적 의사소통의 부재나 욕망의 결핍은 아기의 자리와 아기의 존재에 상징적 죽음을 가져와 위험이 발생하는 것이다. 즉 엄마가 없으면, 돌보아주는 환경이 부재하면, 아기는 자신의 자리, 준거, 정체성을 잃게 된다.

유아무개의 경우 자기 정체성 형성의 문제점을 지적하지 않을 수 없다. 원래 그는 부모가 원하지 않았던 아이였다. 임신 중 어머니는 육체적 정신적 고통으로 낙태를 원했지만 수술비용조차 없어서 포기해야 했다. 태아 시절에 어머니의 리비도적 감정들, 즉 어머니의 마음이 안정적인 상태인지, 그렇지 않으면 불안해하는 상태인지에 따라 그 영향이 태아에게 미치게 된다. 어머니가 태아에 품은 부정적인 무의식 사고, 태아에 대한 피해망상적 사고라든지 태아를 갖는 것에 대한 거부감이 태아에게 미치는 것이다. 즉 어머니가 아이를 원망한다거나 어머니가 되는 것을 거부하게 되면, 태어나는 아이는 무의식적으로 생에 대한 원망과 거부를 갖게 될 수 있다.

사실 유아무개의 어머니는 생활고 때문에 배 속의 유아무개를 지울 생각까지 했다고 한다. 어머니의 무의식은 아이에게 전달되는 관계로 유아무개는 어린 시절부터 자기 정체성의 고통을 겪었다고 보아야 한다. 그의 외할머니가 "유아무개는 평생 딸에게 짐이었다"고 말한다. 물론 태어난 후, 유아무개에 대한 어머니의 사랑과 돌봄이나 또는 다른 어떤 사람의 사랑과 지지를 지속적으로 받았더라면, 그런 사랑과 믿음을 토대로 유아무개는 자기의 길, 자기 정체성을 달성할 수 있게 되어 사회에 잘 적응하고 여느 사람들처럼 평범하게 살 수 있었을 것이다. 말하자면 가정의 불화나, 가정 해체 때문에 안정감을 잃었다 하더라도 가정 외에 입양을 통해서나 친인척, 후견인, 복지 시설 등이 대신 돌봐주고 지지해주고 사랑해주면 안정감을 찾고 자기 정체성을 찾아갈 수 있는 것이다.

그러나 그가 태어난 후, 그를 둘러싼 환경은 좀처럼 변화되지 않았다. 아버지는 건강이 좋지 않았고 건설현장에서 하루걸러 일하는 일용직 노동자였고, 알콜중독자였다. 그렇게 찢어지게 가난하고 건강도 좋지 않으면서도 알코올 중독으로 인한 폭력과 외도가 심해서 부인 외에 첩을 두었다고 한다. 유아무개는 6살 때부터 초등학교 1학년 때까지 계모와 형제들 슬하에서 자랐다. 유아무개의 아버지와 계모는 밤만 되면 유아무개에게 폭력을 행하곤 했다. 어릴 때부터 유아무개는 어머니와 아버지의 첩을 왕래하며 버려진 삶을 살았던 것이다. 4남매의 아이들을 키울 능력이 없고 남편에 대한 배신감을 당한 어머니가 그 증오와 상처의 감정을 유아무개에게 투사도 하고 구박하면서 아버지와 살라고 첩에게 보내곤 했다. 계모도 유아무개를 구박하여 친모와 계모를 왔다 갔다 하며 버려진 아이처럼 의지할 마음 없이 그 시절을 보낸 것이다. 그렇게 왔다 갔다 하며 수개월간 거지 생활도 했었다곤 한다. 버림받음의 트라우마가 장차 유아무개에게 분노와 복수를 키우게 된다.

　　다니던 교회도 유아무개에게는 큰 위안이 되지 못하였다. 어릴 때부터 좋아했던 그림을 계속 그리고자 고등학교를 미술 관련 학교에 들어가기를 원했으나 색맹이기 때문에 낙방하고 비인가 고등학교를 들어간다. 그때부터는 교회 사람들의 따가운 시선을 느끼고 또 교회에서 사귀던 여학생과도 헤어지면서 교회와는 멀어지게 되며 나중에는 교회에 반감까지 품게 된다. 이렇게 학창 시절부터 희망이었고 위로였던 좋아하던 그림 공부에 대한 좌절과 여자 친구에 대한 배신감, 쫓겨남의 상처, 어렸을 적에 운다고 아버지가 자기를 부엌으로 내쫓은 기억 등 트라우마를 겪은 것이다.

　　이렇게 유아무개는 어린 시절부터 이미 어머니와 아버지, 계모, 여자 친구, 교회 등 주위 사람으로부터 버려짐의 상처와 가난의 상처, 그 트라우마, 심적 외상들을 겪는다. 후에 결혼한 아내로부터의 강제 이혼 당함과 잠시 동거한 또 다른 여성으로부터의 버려짐 등이 더욱더 가중되어 가난(초창기의 살인은 가난의 피해 의식으로 부유층에 집중된다)과 여성에 대한 피해 의식, 보복 감정이 무의식에 자리 잡게 된다. 그 무의식들은 바야흐로 절도와 강도, 끔찍한 살인의 기저가 되었다(유아무개는 말한다. "내가 진정 죽이고자 했던 여자는 동거했던 여자처럼 '사람 가지고 장난치는 여자들'이었어요").

"억압이 있으면 반드시 억압에로의 회귀가 있다"라는 정신분석학의 명제대로 유아무개의 상처, 그 트라우마는 바야흐로 폭력과 강도, 범죄, 살인이라는 형태로 회귀한 것이다. 급기야 그런 자기 정체성의 상실은 연쇄 살인을 자행하면서 현실적 삶과 심리적 삶과의 분열, 자기 동일성의 상실을 가져와 거울 영상계 이전의 인간의 자기 모습인 조각난 신체 이미지로 퇴행하게 된다.

거울 영상을 통해 자기 동일성을 발견하기 이전의 정신 상태인 공격하고, 조각내고, 잘려지는 또는 게걸스럽게 부수어 먹는 환상으로 퇴행하게 되는 것이다. 바야흐로 유아무개는 연쇄 살인과 그 환각, 바로 정확하고 무자비하게 공격하여 죽이고, 신체를 부수고(대부분의 살인에서 먼저 해머로 머리를 부수었고, 몇 명의 시체는 분쇄기로 갈았다), 자르고, 조각내며, 게걸스럽게 먹기(신체의 일부, 특히 간을 먹는다)까지 한 것이다. 현실적 환경 안에서 가야 할 길을 잃고 완전한 절망에 빠진 유아무개는 현실감각을 잃고 자기를 박해했고 상처를 주었던 트라우마의 영상들 속에서 자신을 찾는다. 그 트라우마의 영상들은 유아무개 자신의 모습들이고 동시에 공격하고 무찔러야 할 대상들이다. 그래서 그는 그 대상들을 공격하고 부수고 죽이는 정신착란적 살인을 저지르게 된다. 이런 상상적 자아, 환각적 자아에서 벗어나게 해 줄 자아의 이상, 정체성을 세워 줄 요인들이 유아무개에게는 없었기 때문이다.

이렇듯 인간의 안정과 자기 정체성의 상실은 반사회성을 낳고, 자신의 상처와 갈등을 내면화하여 공격적이고 피해적인 감정을 합리화하고 조직화하면서 사회에서 탈선된 왜곡된 삶을 살고, 비정상적인 윤리관과 성관을 갖게 되며 그것이 증폭되면 급기야 극악한 범죄와 살인을 낳게 된다. 그런 측면에서 자신이 저지른 살인을 사회에 대한 살인이라 하고 사회의 모순에 대한 도전이라든가, 부자들에 대한 도전이라 말하는 것 속에 담겨진 자기 합리화를 이해할 수 있다.

2. 상징적 아버지와 상상적 아버지 그리고 유아무개

라캉은 우선 팔뤼스(남근)적 어머니와 아이의 양자합 관계를 "상상 계"라 했다. 아이가 어머니가 원하는 것, 즉 팔뤼스와 자신을 동일시하 는 정신 상태를 말한다. 최초 '동일시' 현상은 주체가 최초의 성적 대상, 욕망의 대상인 어머니에게 병합되어 자기와 어머니의 차이를 구분하지 않고 동화되고자 하는 것이다.

아이가 어머니의 남근(팔뤼스)이라고 믿는 것과 아이가 믿는 것을 어머니가 수용하는 양자 의견의 일치 때문에 아이와 어머니의 상상적 관계는 더욱 견고해진다. 말하자면 아이는 어머니를 욕망하고 어머니는 아이를 욕망하는 양자 관계의 유대를 말한다. 사실 아이에 대한 어머니 의 욕망도 아이의 근친상간 욕망만큼 강렬하고 참을 수 없는 것이다.

이 관계를 아버지는 폭군처럼 간섭한다. 아버지는 아이에게서 욕망 의 대상을 빼앗고, 어머니에게서 팔뤼스의 대상을 빼앗는다. 그래서 라 캉은 아버지 문제를 중심으로 '상징적 아버지', '실재적 아버지', '상상적 아버지'의 개념을 도입한다(Dor 1989: 54-55).

오이디푸스 콤플렉스에서 어머니를 향하여 갖는 리비도 몰입, 근친 상간 욕망을 위협받는 아이는 아버지가 이미 어머니를 욕망하고 있었다 고 느끼게 된다. 이러한 발견이 '실재계 아버지'를 점점 '상상적 아버지' 로 만들어가는 동력이 된다. 그러나 그 '상상적 아버지'는 아이의 억압된 욕망을 해결해 줄 수 없다. '상상적 아버지'는 단지 아이가 어머니를 욕 망할 때 아이를 위협하는 방해꾼으로 인식되기 때문이다. 말하자면 '상 상적 아버지'는 아이의 욕망 대상을 빼앗고, 어머니의 욕망 대상인 남근 을 빼앗는다고 생각되는 아버지이다. 그래서 '상상적 아버지'는 아이와 어머니의 '상상적 양자합 관계'에서부터 어머니 쟁탈을 위한 아이의 경쟁 상대자가 된다. 그렇기에 상상적 아버지의 팔뤼스는 적대적 팔뤼스로 나타난다.

이제 어쩔 수 없이 아이는 자기 위치에 대해서 심오한 갈등을 갖는다. 이때 아이는 스스로 자문자답한다.

"내가 어머니의 팔뤼스(남근)를 가지면 되지 않을까?"
"그리고 내가 아버지가 되면 되지 않겠는가?"

그 결과 아이는 슬그머니 자기 자신이 아버지처럼 되기를 결심한다. 이것이 바로 아이의 아버지 동일시이다. 자신의 팔뤼스를 아버지 팔뤼스로 동일시하면서 생각을 바꾼 아이는 점차적으로 아버지의 법에 조우한다. 말하자면 '실재계 아버지'를 획득하기 위하여 이용된 '상상적 아버지'는 아이의 갈등을 해결해주지 못하기 때문에, 아이는 아버지와 동일시해야 한다고 생각하게 된다. 바로 여기에 라캉이 도입한 '상징적 아버지'가 도입된다. '상징적 아버지'는 '실재계 아버지'와 '상상적 아버지'의 공통분모를 달성시키는 아버지 이름이요, 아버지 법이다. 이 법을 받아들임으로써 아이는 아버지와 자신을 동일시한다.

그래서 '상징적 아버지'는 '아버지 이름'으로 대표되는 금지와 법을 의미한다. 이제 어머니의 욕망이 어떤 방식으로든 금지를 명하는 아버지 이름의 기능 현상을 잘 따르게 되면, 어머니는 자신의 욕망을 아버지 법의 중개에 의해 획득한다는 것을 알았다는 의미가 될 것이므로 아이도 거리낌 없이 아버지의 이름, 아버지의 법을 받아들인다. 아버지 이름은 문화와 언어와 같은 휴머니즘을 상징하는 법의 근본이기 때문이다. 결국 팔뤼스가 '되는 단계'에서 팔뤼스를 '갖는 단계'로 이행하는 것이 오이디푸스 변증법의 핵심이다. 오이디푸스가 해소되면 주체는 가족, 사회, 문화, 인류 공동체에 자신의 위치, 위상, 정체성을 정립하여 자아를 실현해가게 된다(이유섭 2012: 120).

불행히도 유아무개는 '상상적 아버지'에서 '상징적 아버지'로의 이행에 문제가 생긴다. 상징적 아버지는 모방할 모델의 역할을 하는 이상적 아버지요, 어머니를 포기한 자리에 어머니를 대신해서 사랑해야 할 상징적 아버지인데, 어느 누구도 그 상징적 아버지의 역할을 해주지 못했다. 건강이 좋지 않은 알콜 중독자인 아버지, 막노동으로 돈벌이도 시원찮은데, 첩까지 두었던 아버지, 기분 나쁘거나 술에 취하면 폭력을 행하거나 심하게 꾸짖었던 아버지이다. 결국 아버지는 유아무개가 중학교 1학년 때, 첩에게도 버려지고 알콜과 무기력, 병고에 시달리다 사망했다고 전해진다. 이런 아버지의 모습에서 유아무개는 본받아야 할 모범을 전혀 발견할 수 없었을 것이고, 사랑을 느껴보지도 못했을 것이다. 마찬가지로 두 형도 유아무개에게는 도움이 못 된다. 바로 위 둘째 형은 건달 생활을 하다 자살로 생을 마감한 것으로 알려졌다. 생에 대한 비관 자살이다. 어머니도 상징적 아버지의 부재를 대신하지 못했다. 생활고를 겪어 늘 일해야 했기에, 또 남편에 대한 배신감이 가득하기에 여유롭게 유아무개를 제대로 돌볼 수 없었다. 어머니는 일을 갈 때 아기 유아무개를 방에다 묶어놓고 갔을 때도 있었다고 한다. 계모 또한 폭력을 자주 행했고, 유아무개에게 어머니와 헤어지게 하고 아버지를 빼앗아 갔으며, 자기를 이 모양으로 방치한 폭군이 된다. 말하자면 가족 중에서는 아무도 유아무개에게 아버지 이름, 아버지 법인 상징적 아버지의 기능, 휴머니즘의 아버지 기능을 수행하지 못한 것이다.

유아무개처럼 오이디푸스 갈등을 잘 해결하지 못한 아이도 흔히 초등학교 시기에 해당하는 잠재기 동안은 여러 가지 방어기제와 순응기제를 활용하여 그럭저럭 이 시기를 넘기지만 사춘기와 성인에 이르면 쌓였던 문제가 급격히 표출되게 된다. 그래서 사춘기가 되면서 유아무개에게 휴머니즘으로 대표되는 상징적 아버지의 부재, 아버지 법의 부재는 바야흐로 사회의 규칙과 법을 무시하는 형태로 반사회적 탈선과 폭력과 범죄를 향하게 한다. 예컨대 중학교 때부터 유아무개는 본격적으로 왜곡된 길을 간다. 주먹으로 전교를 제패했고 전교 싸움 왕으로 선도 부장을 맡아 자기가 상상적 아버지, 폭군의 아버지가 되어 폭력을 휘두른다. 후배들이나 동기들이 규율에 어긋난다고 생각되면 그 자리에 무릎을 꿇게 했고, 체육 선생님이 혼내는 애가 있으면 선생님을 밀치고 자기가 나서서 대신 그 아이를 때리고 폭력을 휘두르고 해서 주위 사람들의 간담을 싸늘하게 했다고 한다. 중학교 때, 영등포의 고등학교 깡패조직 '일진회'와 싸우기도 한다. 연장선상에서 후에 감옥에서 나온 유아무개가 가짜 경찰 신분증을 위조해 이것으로 여성과 노점상인 그리고 출장 안마사 여성들을 협박하여 돈을 강탈하고 급기야 연쇄 살인도 하게 된다.

그는 중학생 때 친구들과 LP판을 구입하러 세운상가에 갔다가 LP판을 훔쳐 나왔다고 한다. 그리하여 고등학교 2학년 때, '주거침입 절도죄'라는 죄명으로 처음 소년원에 가게 되었는데, 이때부터 본격적인 범죄 행위가 시작되었다. 절도사건으로 소년원에 수감된 이래, 특수절도, 공문서위조, 성폭력, 강도 등으로 전과 14범에 11년 동안 교도소 살이를 했다. 말하자면 '상징적 아버지'의 부재를 '상상적 아버지'로 메우면서 때로는 자기가 폭군의 상상적 아버지와 동일시(선도부장과 가짜 경찰 행색을 하는 환상)하면서 아버지 법인 사회의 법을 무시하는 범죄의 길을 살았던 것이다.

이렇듯 유아무개의 정신세계는 상상적 아버지에서 상징적 아버지로 이행하지 못하고, 상징적 아버지와의 동일시 실패로, 대신 착각 속에 자기가 폭군 상상적 아버지로 대행한 것이다. 말하자면 유아무개의 그런 폭군 상상적 아버지의 행위는 피해 의식과 박해 망상 그리고 거세 불안의 자기 방어 형태가 된다. 이런 이유로 이 문제는 거세와 도착증의 상태를 검토하게 한다.

3. 도착증적 측면에서의 유아무개

1) 유아무개의 성도착증

성도착증은 상상적인 대상에 주이상스를 고정 집착하고, 그 대상에서 주이상스, 즉 희열과 쾌를 즐기면서 팔뤼스의 우월성을 작품화한다.

프로이트는 제1차 세계대전이 끝난 후 전쟁 신경증을 겪으면서 트라우마 문제를 다시 검토하기 시작한다. 이른바 쾌락원리와 현실원리가 항상 일관되게 들어맞는 것이 아니라는 것을 전쟁 신경증을 통해서 검증한 것이다. 전쟁 신경증자는 꿈속에서 규칙적으로 트라우마의 전쟁 악몽 장면을 반복하여 꾼다. 내담자들은 물론 우리 모두는 과거의 즐거웠던 추억을 찾는 것보다는 너무도 아팠던 과거의 실패와 고통, 트라우마를 종종 반복해서 얘기한다. 전쟁의 트라우마에 시달리는 병사의 경우 전쟁의 상처를 입은 사건에 대한 악몽에 반복해서 시달리기도 한다. 프로이트는 이것을 과거를 반복하려는 강박 충동이라고 했고, 이어 죽음 충동의 개념과 최초의 마조히즘(피학증)의 개념을 도입했다. 라캉은 이 대목에서 주이상스의 개념을 정교화하기 시작한다. 라캉의 주이상스의 개념은 프랑스어의 일상적 뜻으로부터 벗어난 개념이다. 라캉의 주이상스는 유쾌한 쾌와 동시에 똑같은 고통스러운 쾌의 체험을 의미하는 용어이다. 모두가 같은 주이상스를 겪는 것은 아니다. 가령 어떤 정신증자는, 누군가, 어떤 학대자가 자기 신체 내부에 들어와 자기 신체를 학대하고 기만하고 죽이려하면서 주이상스를 즐긴다고 확신한다. 죽음 충동의 행위에서 그것은 방어 기제를 파괴하고 신체에 침범하여 주이상스의 경험을 반복하려 한다.

우리 언어로 희열, 쾌감, 쾌, 쾌락, 향락, 향유 등으로 번역되는 주이상스는 극도의 긴장, 최고의 긴장에서 느끼는 쾌감, 희열을 말한다. 그것은 육체의 상실과 소진에 이른다. 성도착자는 주이상스를 통한 트라우마의 고통을 완화하지만, 반대로 그것은 자아에게 또 다른 고통의 반복이 된다. 그래서 우리는 도착자가 겪는 증상은 고통의 완화임과 동시에 고통이라고 말할 수 있다. 그것은 무의식적으로는 고통의 완화이고, 자아에게는 고통인 것이다. 고통 속에서 발견되는 쾌, 그 희열을 라캉의 용어로 주이상스(jouissance)라 한다. 유아무개가 여성들을 자기 원룸으로 끌어들여 음악 반젤리스의 '1492 콜롬버스'를 틀어놓고 여성의 나체를 엽기적으로 자르면서 밤새도록 살인 의례 행위를 할 때, 그의 육체는 최고의 긴장 상태에 있고, 모든 것을 잃어버릴 정도로 자신의 육체를 소진하여 마치 자기 육체가 없는 것처럼 모든 감각을 잃어버린다. 할 수 있는 한 최고의 긴장 속에서 자신의 전신 감각을 잃어버리는 주이상스를 찾는 것이다.

　　모든 도착자들처럼 그런 그의 도착 행위의 주이상스는 불안이 밀려오는 만큼 점점 증가하면서 반복된다. 초기에 1달이나 보름에 한 번 살인을 하더니, 다음에는 1주도 안 되는 기간에 3명을 살인했다(2004년 7월 3일–7월 13일에 6명을 살해함). 한 번 저지르던 살인 행각이 점점 잦아졌고 더욱 빠르게 살인 의례를 행했던 것이다. 주목할 것은 한 번 살인의 주이상스을 맛보고는 점점 중독이 되어서 나중에는 살인을 저지르지 않으면 불안하고 떨리는 금단 현상도 나타났다는 것이다. 살인을 저질렀다는 엄청난 정신적 충격과 혼미는 유아무개에게 무서운 위협으로 다가왔고, 그를 불안에 떨게 했다. 벌을 받을 것이라는 이런 공포의 불안, 거세 불안, 두려움에 직면해서 자기가 먼저 대상을 공격하고 살인을 저지르면서 방어하는 형태를 취함과 동시에 그 불안과 두려움을 잊으려고 마치 마약(물질) 중독자처럼 직면한 현실의 고통을 회피하여 환각적인 만족을 찾기 위해 살인에 더 강박적으로 집착하게 된다. 이른바 살인 중독의 반복 강박 행위에 빠진 것이다. 중독은 일단 시작하면 끝을 보고야 마는 조절 불능, 억제 불능 상태에 놓이고 더 강한 자극을 바라는 것이기에 그는 계속해서 더욱 빠르게 엽기적 연쇄 살인이라는 더 큰 반복 행위의 자극을 찾게 된 것이다.

팔뤼스의 우월성을 작품화한다 함은 상징적 팔뤼스의 형태로 거세의 충격과 결핍의 충격에 따른 욕망을 조직화한다는 것을 의미한다. 도착증의 성향은 성 충동이라는 근원적이고 보편적인 인간의 성향에 그 근원을 둔다. 그런 측면에서 페티시즘(절편음란증, 물신숭배증, fétichisme)은 도착증의 전형적인 모델이 된다. 페티시즘에서 우리는, 팔뤼스의 우월성을 상징적 거세와 관련하여 한 대상, 여성의 몸이나 음모나 유방, 팬티, 브레지어, 스타킹 등과 같은 것으로 환유적으로 대체하면서 주이상스, 희열을 즐긴다는 것을 확인한다.

어린 아이가 성 문제를 만났을 때 겪는 최초 경험은 이런 현상의 원인들을 설명해준다.

먼저 성과 관련해서 여자 아이와 남자 아이가 겪는 인식과 발견은 페니스가 있는 것과 없는 것이다. 이런 발견의 의미가 담고 있는 혼미와 공포는 거세의 두려움으로 인도되고, 거세의 실행자는 전통적으로 아버지 기능으로 부여된다. 두 번째 단계에 이르면 "아니야, 그럴 리 없어…"로 상징되는 부인과 거부의 감정을 갖게 된다. 말하자면 거세의 위협, 거세의 불안에 투쟁하는 단계이다. 그런 측면에서 거세는 자름이 아니라 자름의 위협이다. 마지막 단계에서는 해결의 타협점으로 거세의 부인과 거세의 인정이라는 두 반대되는 감정을 무의식 안에 지속시키게 된다.

2) 거세의 심리와 유아무개

정신분석학에서 거세의 개념은 수컷의 성 기관을 자른다는 그런 의미가 아니다. 거세는 원래 어머니와 아이의 분리의 상처이다. 어머니와 아이 사이에 맺어진 상상적이고 자기도취애적인 유대관계, 양자관계, 나르시시즘 관계를 자르고 분리시키는 행위에 의해 생산된 단절의 상처이다. 그리고 그것은 인간이 자라면서 무의식적으로 겪는, 장차 남녀의 성적 신분과 사회화를 결정하는 복합적인 정신 경험을 의미하게 된다. 사실 아이들은 부모의 신체와 계속적이고도 다양한 방식으로 접촉하는 신체 접촉의 재현에 연루된 리비도적 갈등을 겪는다. 이 갈등에서 아이들은 자기 파괴의 두려움에 직면한다. 아이의 내부에 어머니를 향한 생리적인 욕망의 분출, 재현을 억압하고, 자신의 욕망인 신체적 에로티즘의 실현을 위협하는 인성 파괴에 대한 불안과 두려움이 생긴다. 이 경험의 본질은 첫 번째로 아이가 겪는 불안의 대가로 성의 신체해부학적인 차이를 인식하는 것으로 구성된다. 그 전까지 아이는 어머니라는 절대적인 힘의 환상 속에 살았었다. 그러나 점차로 거세(분리)의 시련과 함께 아이는 세상은 남자와 여자로 구성되어 있고, 신체는 한계가 있다는 것을 받아들인다. 앞서 공포증을 겪는 한스 사례에서 본 바와 같이 결국 꼬마 한스는 남녀의 차이를 인식했고, 자신의 성 정체성을 깨달아서 공포증으로부터 벗어날 수 있었다. 말하자면 아이는 그가 어머니라는 절대적인 환상, 성적인 욕망을 결코 구체적으로 실현하도록 용납되어 있지 않다는 것을 받아들이는 것이다. 이런 유아기의 한 발전 단계에 겪는 거세 불안은 단순한 연대기적인 어느 한 시기에만 일어나는 것은 아니다. 거세의 무의식 경험은 인생의 여로에 끊임없이 갱신된다(이유섭 1998: 201 – 202). 특히 유아무개처럼 극악한 범죄를 저지른 사람들, 죄책감에 시달리는 사람들의 전형적인 형태가 거세 공포로 나타난다. 유아무개는 욕망의 좌절, 희망의 좌절, 거세의 위협에 대한 반작용으로 타인을 공격하면서 살인하면서 자신을 방어하는 형태, 거세의 부인을 취한 것이다.

여자 아이가 어머니에 대한 욕망을 품어서 징벌을 받았을 것이라고 생각하는 남자 아이의 상상적 거세는 상징적 거세를 제기한다. 상징적 거세는, 어머니를 욕망하지 말아야 한다고 상징화되는 것으로, 언어의 법칙, 아버지의 법에 따라 욕망의 근원적인 결핍을 보편화한다. 말하자면 아이는 욕망을 억압하고 아버지 이름의 시니피앙을 받아들인다. 그렇게 팔뤼스(어머니 욕망의 시니피앙)는 억압된 시니피앙이 되고 상징적 기능으로 작동하게 되는 것이다.

그래서 거세는 근친상간 금지로 상징화되는 그 잃어버린 주이상스의 부분을 암시한다. 라캉에 의하면 '모든 도착증은 잃어버린 대상(objet a)을 찾으려는 데 있어서 근본적으로 페티시즘이다'(Lacan 1966: 610)라고 했다. 사실 도착자는 잃어버린 이 부분, 사취당한 이 부분, 대상 a를 대체된 주이상스의 대상을 통하여 되찾으려 한다. 그런 식으로 성도착자는 거세를 부인하고 어떤 구체적인 대상에, 가령 여성의 몸, 유방, 팬티, 브레지어, 스타킹, 양말, 신발과 같은 페티시즘 대상을 통해서 주이상스, 희열을 찾는다. 여기서 이 대상들은 팔뤼스 시니피앙의 대체 관계를 가지게 된다. 마찬가지로 정숙한 사람 앞에서, 여러 사람들 앞에서 느닷없이 성기를 노출하는 노출증의 경우에도 거세의 부인에 대한 나르시시즘적, 자아도취애적 주이상스가 된다. 관음증도 남의 성 행위 장면을 단순히 바라보는 것뿐만이 아니라 그 시선을 자기 자신의 바라봄으로 돌리는 나르시시즘적 주이상스인 것이다. 즉 관음증은 몰래 숨어서 부부 관계의 장면을 훔쳐보며 즐길 뿐만 아니라, 자기가 보고 있다는 것을 알게 해서 자기에게 욕하고 모욕을 주도록 한다. 창피함의 고통을 당하면서 희열을 느낀다. 보통 신경증이 도착적인 환타즘(fantasme)을 본다면, 도착증은 이 환타즘을 구체적으로 행위화한다. 신경증이 꿈을 꾼다면, 도착증은 꿈을 실행하지만 결국에는 실패를 하게 된다. 실패할 때까지 꿈을 행한다고 말할 수 있다. 그러고선 실패와 창피함으로 불안해하고 세상에서 가장 모욕받고 조롱받고 고통받는 마조히즘을 즐긴다(Nasio 1994: 179－180).

사실 유아무개는 어린 시절부터 여성들에 집착이 많았다. 친구들에게 원하면 언제든지 여성을 자기 것으로 만들 수 있다고 과시했다. 예쁜 여학생을 보면 거리낌 없이 다가가서 데이트 신청을 했다. 또한 중학교 시절에 친구 어머니가 하는 일종의 창녀촌인 방석집에 놀러가 여자들의 손님 접대하는 도착적인 모습들을 보곤 했다. 성도착의 모습이 어릴 때부터 각인된 것이다.

어쨌든 그런 식으로 도착증은 대체된 남근 시니피앙을 통해서 큰 타자(Autre)의 주이상스로의 접근을 시도한다. 정신분석적 개념으로서의 성은 생식적이거나 생물학적 의미의 성이 아니다. 성은 애정 충동의 에너지인 리비도적 삶의 본질적인 표본을 의미한다. 공동체 문화의 일원으로서 인간 생명의 기원은 사랑 충동, 애정 충동, 성 충동의 에너지인 리비도에서 시작된다. 정신적 삶 속에 사는 우리는 긴장에서 결코 완전히 자유로울 수 없다. 끊임없는 긴장이, 자극이 인간 정신계, 즉 주체에게 주어진다. 그러면 주체는 긴장과 스트레스로부터 벗어나서 고양된 평온한 정신에 안주하고자 끊임없이 긴장 벗겨버리기 활동을 한다. 정신계는 긴장과 스트레스를 제거하고 평온한 상태에 도달하기를 부단히 애쓰지만 결코 그것의 완전한 제거에 이르지 못한다. 그래서 그 고통스러운 긴장 상태를 불쾌라 부른다. 피할 수 없는 불쾌의 상태와 대립적인 상태가 있는 데 우리는 그것을 최고의 즐거움, 최고의 만족을 의미하는 말로 "절대쾌(plaisir absolu)"(Nasio 1994: 24)의 상태, 절대 주이상스, 라캉의 용어로 큰타자의 주이상스(jouissance de l'Autre)라 한다. 절대 주이상스는 영원한, 이상적인 완전한 쾌감, 성 행위 당사자의 완전한 일치를 상징하는 개념이다. 그곳에는 근친상간 이상향이라는 신화적이고 우주적인 형상을 내포한다는 뜻이 담겨 있는 개념이다.

유아무개가 최고 긴장의 희열, 최고의 쾌감을 맛보기 위해 사람을 죽이고 자르는 행위는 큰타자의 주이상스의 추구이다. 신경증이 절대 주이상스, 큰타자의 주이상스를 불가능한 주이상스라고 생각하는 데 비해, 성도착자는 그 절대쾌, 절대만족, 큰타자의 주이상스를 얻을 수 있다고 믿고 유아무개처럼 그것을 실행에 옮긴다. 결국 성도착자가 절대 주이상스를 얻기 위해 대체된 주이상스의 대상들에 집착한다 할지라도 그의 욕망은 큰타자의 금지된 부분에 종속하는 불법적인 주이상스에 갇히게 된다. 유아무개가 살인 의례를 실행하면서 절대 주이상스, 큰타자의 주이상스, 무의식적 큰타자를 확보하고자 하는 욕구와 큰타자를 얻고자 하는 엽기적 살인 의례의 집착, 대상에 대한 욕망의 예외적인 집착을 실현하는 그 순간에 아버지 이름의 시니피앙의 연쇄는 중지하고 만다. 유아무개는 바로 그 순간, 살인 의례의 순간은 아버지 이름의 시니피앙이 작동하지 않는, 아버지 이름이 폐지된 미친 사람, 정신증의 모습을 보이는 것이다. "컴컴한 방에 들어가면 어둠이 싫고 혼자 불 켜는 것도 싫고 답답할 때마다 나에게 무슨 일이 일어나기를 바라곤 했어요. 어떤 엄청난 일, 무시무시하도록 나를 압도하는 일, 비가 내려도 온통 잠기도록 왔으면 바랐었고, 번개가 쳐서 전부 불 태워 버렸으면 했고 태풍이 오면 온통 집어삼켜 버렸으면 했어요. 그런 광기들이 있었기에 파괴의 유혹을 강렬히 느끼고 미친 듯이 사람을 害(해)하고 그로 인해 나도 모르게 도취되어 버리고. 카타르시스적인 느낌이었다고나 할까요. 정말 내 몸 속에는 몇 방울의 광적인 피가 흐르고 있는 것 같아요."(유아무개의 옥중편지)

3) 유아무개의 사디즘/마조히즘

정신분석은 사디즘(가학증)을 성 충동의 특징들 가운데 하나로 인식한다. 프로이트는 어린 아이의 성을 이해하면서 기원적으로 다형 도착의 한 종류로 가학증(사디즘)을 서술한다. 처음 가학증은 상대방에 대한 지배, 타인에게 행사하는 지배권으로 이해되었다. 성적 자극과 고통의 유대는 우선 역으로 자기 자신에 대한 마조히즘(피학증)으로 나타나고, 그 피학증이 역으로 가학증을 구성한다. 말하자면 고통을 가하는 것이 가학증이 겨냥하는 바이지만, 파라독스하게 거기서 주체는 상대방, 즉 고통받는 주체에 동일시하면서 피학증적인 방식으로 주이상스를 즐긴다. 이런 의미에서 라캉은 엄밀히 말해서 사디즘의 특징에 대해서 어떤 방식으로든 마조히즘을 동반하지 않는 사디즘의 입장은 없다고 말한다. 사실 인간의 근원적인 속성에는 남을 학대하고 공격하고 조종하면서 희열, 주이상스를 얻고자 하는 마음이 있음과 동시에 자신이 남에게, 누군가에게 복종하고 벌을 받고 수동적이 되며 고통을 맛보면서 희열을 느끼는 속성도 함께 가지고 있다. 가학증을 말할 때 자연스럽게 피학증이 따라오게 된다.

사디스트는 상대방을 학대하면서 주이상스를 즐긴다. 상대방의 불안, 상대방의 고통을 자기 것으로 환상화한다는 의미이다. 이 환상 뒤에는 무엇인가 은폐가 있다. 그 은폐 뒤에는 잃어버린 대상 a의 추구가 있다. 유아무개의 경우 그것은 어머니의 따뜻한 품(유아무개는 어릴 때부터 어머니의 따뜻한 품을 그리워했다. 그래서 어머니에 대한 시도 썼다. 그러나 그에게 그런 어머니는 늘 부재였다. 태아 때도 부재했고, 유아 시절도 그러했으며 학창 시절에도 그러했다), 중학생 시절에 교회에서 사귄 여자 친구, 결혼시절에는 아내의 사랑, 이혼 후에 살인을 저지르다 사귀어 잠시 동거했던 여성, 그리고 유아무개가 자기 원룸으로 데려와 가학증을 즐기다 죽인 여성들 등을 통해서 잃어버린 대상 a를 추구한다. 이때의 전제 조건은 아버지 법이 금지하는 대상이다. 말하자면 아버지 법의 금지에 의해서 오이디푸스는 욕망을 포기하는데, 유아무개는 아버지 법의 금지를 거부하고 부인한다. 그러고선 자신이 아버지 법을 수행한다. 실제로 그는 신분증을 위조하여 경찰 행세를 하며 수갑을 채워 자기 원룸으로 데려온 여성들을 취조한다. '집이 어디냐, 아버지는 뭐하냐, 왜 이런 짓을 하느냐, 부모님이 아시냐, 그런 일을 하면 되겠느냐, 반성하느냐…. 그러고는 밤새도록 잔인한 살인 제의가 이어진다. 여성들을 묶어서 학대하고 성폭행했으며 무기로 위협하고 급기야 해머로 머리를 부수고 몸을 자르고(여성의 시체를 18조각으로 정확히 자르고 잘 포장하여 암매장하였다) 먹으면서 그렇게 가학증을 즐긴 것이다. 특이한 사항은 유아무개는 살인할 때마다, 여성을 화장실로 데리고 가서 먼저 해머망치로 머리를 내리치고 부수어 살해했는데, 아마도 그것은 어린 시절 유아무개가 아버지의 망치질을 보았고, 가끔은 그것으로 자기를 위협을 했던 트라우마의 재현을 통한 주이상스, 그런 박해 망상에 대한 방어적인 주이상스라 생각된다. 그런 면에서 유아무개의 가학증은 자기 자신을 향한 피학증과 겹쳐진다. 그리고 이미 중학교 시절에 주먹과 폭력을 휘두르며 맛보았던 주이상스는 여기서 더욱더 증폭되고 자극되어 살인의 순간에 최고조로 달했다고 하겠다.

유아무개가 필수적으로 직면한 거세불안, 징벌에의 두려움을 감추기 위해서 자신의 남성성, 힘을 과시적으로 재확인하면서, 방어를 위해서 또는 거세불안을 제거하기 위해서 여성의 거세를 부인하고 여성의 육신을 여성의 페니스로 주물화하는 절편음란(fétichisme) 살인 의례를 행위화한 것이다. 한편으로 거세되지 않은 여성, 절대 주이상스의 여성에 집착하면서 동시에 여성은 욕망을 품어서 이미 거세되었기에 제거해야만 혐오스런 여성이 되는 것이다. 살인 대상이자 유아무개의 나르시시즘 대상으로 몸을 파는 여자들을 택한 이유를 엿볼 수 있다. 물론 겉으로야 범죄 행각의 흔적을 없애기 위해서였겠지만, 그의 무의식은 할 수 있는 한 끝까지 그런 도착증의 유지가 목적이었을 것이다. 그런 식으로 유아무개는 여성을 통한 거세 부인의 환각화된 자아도취애를 즐김과 동시에, 할 수 있는 한 가장 잔혹한 형태로 여성을 취급하고 혐오하면서 급기야 부수고 자르는 가학증을 즐긴 것이다. 그곳에서는 남성의 팔뤼스를 절대화하고 여성을 단지 절편음란 대상으로 바라보게 하는 한 인간을 존엄한 존재 자체로, 전인적 인간으로 보는 것이 아니라, 한 부분으로 파편화하고 조각내고 그 파편화된 대상에 집착하는 환각화된 자아도취애의 도착증을 행한 것이다.

　　유아무개는 시체를 잘랐을 뿐 아니라, 죽인 시체를 일부 먹기도 했다고 한다(담당 변호사의 표현을 빌리면, 처음에는 뇌를 먹었지만, 생각보다 질겨 그다음부터는 간을 먹었다고 했다. 간이 좋지 않아 그랬다고 했는데, 자신과 같은 혈액형인 O형 혈액형을 가진 여성들의 간을 골라 먹었다고 한다. 술에 절은 여성들의 간은 먹지 않았고, 사전에 대상을 선정하고, 혈액형을 물었다고 했다. 혈액형이 같아야만 부작용이 없으리라고 믿었던 것으로 보인다). 그것은 구강기 주이상스의 일종이다. 구강 카니발리즘 단계에서 아기는 대상을 깨물어 부수고, 깨물어 삼키는 환상의 주이상스를 추구한다. 부수고 먹는 구강 카니발리즘의 주이상스는 근본적으로 나르시시즘적 희열이다. 입안에 가져온 부수고 삼키는 대상에 대해서 주이상스를 느끼는 것을 말하는데, 이때의 대상은 환각화된 대상이다. 그러므로 유아무개는 살인한 대상을 통한 환각화된 자기만족, 자아도취애, 나르시시즘의 주이상스를 즐긴 것이다.

마약 중독이나, 알콜 중독 등의 중독자와 마찬가지로 살인 중독을 통한 환각화된 자기만족, 자아도취애, 나르시시즘을 즐긴 것이다. 유아무개는 기자들의 인터뷰에서 잡히지만 않았으면 지금도 살인 행각을 계속 즐겼을 것이라고 서슴없이 말한다. 유아무개는 한 기자에게 보낸 편지에서 다음과 같이 말한다. "반젤리스의 '1492 콜롬버스'를 틀어놓고 나만의 의식을 치르면서 한이 서린 나의 외로움에 대한 상실감을 회복시키려 했던 것이지요. 물론 검거되지 않았더라면 지금도 그 음악은 계속 흘러나오고 또 누군가가 희생되었겠지요…." (월간조선 2004년 10월 호)

마약(약물) 중독, 살인 중독의 위기나 유혹 중의 하나가 바로 이 자아도취애, 나르시시즘이라 아니할 수 없다. 그런 중독의 나르시시즘은 너무나 위험해서 미래에 대한 희망이 없는 이들에게는 유아무개처럼 연쇄 살인에까지 이른다. 사실 보통 사람이 이웃을 향해 리비도의 생명력과 활력을 쏟는 데 비해 중독자는 유일한 사랑의 대상, 성적 대상으로 자기 자신을 선택하고 모든 리비도를 자기 자신에게만 쏟는다. 애정의 과대평가, 성적인 과대평가의 상대는 오직 자기일 뿐이다.

한 주체가 인생의 절망에 의한 불행을 피해의식으로, 피해망상으로, 박해 망상으로 투사하여 아무 죄 없는 사람들을 그토록 무자비하게 연쇄 살인하는 식으로 어떤 망상을 즐기면서 자기도취애로 도피한다면, 그것은 어떤 넘어야 할 시련의 실패, 통과해야 하는 통과의례의 상실, 상징적 아버지의 부재, 그로 인한 사회적응의 실패 때문이라고 본다. 그는 자기 앞에 펼쳐진 어떤 장애물과 모험에 대면할 용기를 갖도록 수용해 주는 사회 내 어떤 확실한 지표나 목표를 갖고 있지 않았거나 잃어버렸던 것이다. 사실 감옥에서 출소한 유아무개는 아무것도 보이지 않는 컴컴한 암흑의 절망 상태에 처해 있었던 것이다. 전과범이라는 이력 때문에 세상 어디에도 따뜻하게 대하는 사람이 없고, 마음 의지할 곳도 없는, 세상으로부터 버려진 사람이라고 느끼게 된다. 완전한 절망, 자기 정체성의 상실에 부딪친 것이다.

인간의 속성은 미래를 계획하는 것이다. 사회의 어느 누구도 유아무개에게 삶의 지표를 제공하고 장애물을 극복하도록 제공하지 못했고, 또한 타인을 사랑한 결과의 모델을 제공하지 못했으며, 대신 이와는 반대로 가까운 사람들이 자기를 버렸고 배신했으며 지울 수 없는 상처를 주었던 까닭에 최악의 보복인 살인 충동, 살인 중독의 자아도취애에 빠져 자신의 삶을 포기했던 것이다. 바야흐로 살인 중독의 나르시시즘은 타자의 환영, 즉 자기 자신의 상처받은 영상의 환영 속에서 자기 자신만을 사랑할 뿐이다. 해소할 다른 일, 다른 방도에 관한 출구가 없기 때문에 살인 중독의 나르시시즘은 여성, 여성의 몸, 여성의 사체라는 환영을 통해, 그런 대상의 환각을 통해 자신을 사랑하는 것으로 퇴행한 것이다. 유아무개는 트라우마와 상처, 피해감정, 절망감, 무기력, 죄책감, 열등감 등으로 창의성과 자신감을 상실했기에 자아도취애의 거울을 보았던 구순기 모습으로 반복해서 되돌아오는 살인 중독의 삶을 살게 된 것이다.

또한 주목할 것은 살인의 제의가 끝난 후 유아무개는 마치 자기가 죽인 사람들처럼 죽은 듯이 조용히 고요히 누워 있곤 했다. 자기가 죽인 사람과 자기를 동일시한 것이다. 살인자가 동시에 살인의 희생자가 되는 환상에 빠진 것이다. 사디즘은 자신의 위치가 학대를 가하는 행위자이면서 또한 가학증의 희생자가 될 수 있다. 사디즘의 행위와 그 시나리오는 충동적인 대상과의 동일시이다. 처참하고 불상한 자기가 죽인 사람들은 심리적으로 죽은 유아무개 자신의 상태와 같은 것이다. 그것은 또한 가난과 병고와 인생의 절망에 부딪쳐서 처참하게 먼저 죽은 자기 아버지와 형과의 동일시도 함께한다. 유아무개는 예전부터 아버지와 형처럼 자기는 30대에는 죽을 것이라고 이야기했다. 유아무개는 그렇게 사디즘을 즐기면서 동시에 마조히즘을 즐긴 것이다. 이때의 마조히즘은 원초적 마조히즘인 죽음의 충동과 같게 된다. 그는 아버지 법의 수행자이면서 동시에 아버지 법에 심판받는 자가 된다. 유아무개는 상징적 아버지, 상징적 법을 얻지 못했기 때문에, 자신이 상상적 법(가짜 경찰)으로 행세했고 동시에 상징적 법(사회의 법)으로부터의 처벌을 받는 이른바 가학—피학증 주이상스의 상태에 빠진 것이다.

대상을 통한 환상화된 자아도취애의 주이상스는 법의 금지를 전제한다. 법이 자신의 연쇄 살인 행동을 포기하도록 해야 한다. 도착증의 주이상스는 법의 금지를 통해 자신의 주이상스를 억제하도록 하는 것을 작품화한다. 거세 자체를 즐기는 것이다. 그러므로 유아무개는 살인의 금지라는 법의 제한, 법의 한계, 거세 자체를 과시하는 한 형태라 할 수 있다.

정도의 차이는 있겠지만, 가학-피학증은 각종 폭력의 형태로 우리 주위의 곳곳에서 존재하며, 우리들의 일상생활과 인간관계에서 다양한 형태로 널리 퍼져 있다. 그것은 권력과 복종, 지배와 종속, 능동과 수동에 토대를 둔 사회관계 일반에서 두루 이루어지는 속성이다.

역사를 통해서도 가학-피학증의 주기가 반복되는 것을 발견한다. 중동에서는 아랍인과 유태인이 억압하는 역할과 억압받는 역할을 끊임없이 반복하였다. 군대에서 괴롭힘을 당한 신참자가 고참이 되어 새로운 신참자를 괴롭히는 행동을 반복한다. 모든 임상가들이 확인하는 바로 부모에게 억압당한 자녀들은 후에 결혼하여 자신의 자녀들을 똑같이 억압한다. 가령 아버지가 정의라는 이름으로 큰 아이를 야단쳤다고 치자. 그 야단맞은 큰아이는 똑같은 논리로 동생을 못살게 굴고 동생에게 폭력을 휘두른다. 큰 형은 아버지 방식대로 동생을 엄격하게 훈련시킨다고 생각한다. 이런 심성은 후에 자라서 중고등학생이 되면, 학교에서 약한 아이들을 괴롭히는 것으로 나타나며, 직장에서는 부하 직원을 괴롭히는 것으로 이어진다. 결혼해서는 자녀에게 정의라는 이름으로 폭력과 야단치는 행위를 되풀이한다. 말하자면 자신이 동생에게 했던 행동을 정당화하기 위해 그것을 강박적으로 반복하는 것이다. 그렇지 않으면 동생을 못살게 군 죄책감을 피할 도리가 없기 때문이다. 많은 독재자들은 남을 학대했다는 죄책감을 숨기려고 정의와 질서라는 이름으로 또 다른 독재를 강박적으로 반복하는 경향이 있다. 이렇게 유아무개처럼 학대를 받던 위치에 있던 사람, 또는 학대받는 위치에 있던 집단이 새로운 피학대자나 피학대 계층을 만들어 낼 때에, 그들은 가학증자로 된다.

4. 죽음의 충동

바야흐로 죽음의 충동의 가설이 최초의 가학증적 기능의 사고를 반박하게 된다. 죽음의 충동이 파괴의 충동이라면, 그것은 단지 인간은 자기 멸망을 향한다는 의미일 뿐이다. 그리하여 가학증, 좀 더 명확하게 피학증의 애로티즘을 즐기는 가학증은 죽음의 충동과 성 충동의 혼합을 실현하게 된다. 가학증은 성 충동을 향한 최대한 자극과 긴장, 그리고 타인을 향해서 행하는 공격성, 파괴를 혼합하여 사용하는 것이다. 그런 의미에서 가학증은 '최초의 마조히즘'과 '죽음의 충동'에 일치하는 것이다. 라캉이 말했듯이 '조각난 신체의 이마고(imagos) 즉 거세, 절단, 해체, 분해, 자기 자신에 반대한 주체의 분열, 자기 형상의 통일성을 터득하기 위해 타자의 이미지를 볼 때, 최초의 순간에 인식된 찢겨짐의 상태, 최초의 근육 운동의 불일치 감정은 퇴행적으로 조각난 이미지를 구조화'한다(Lacan 1966: 104).

라캉은 대상 a(objet a)라는 이름을 부여하면서 그런 형태를 잘 조명해 낸다. 잃어버린 대상으로 가치화하는 이 대상을 흔히 일반적으로 욕망의 원인이라 한다. 가학－피학증자는 그 잃어버린 대상 자체가 되고자하거나 이 대상을 나타내 보일 수 있다고 생각한다. 대상을 자극해 낸 상황, 그가 벌어놓은 상황을 나타내 보이면서 희열을 맛보는 것이다. 유아무개처럼 상대방의 육체를 공격하고 자르면서 그것을 나타내 보이는 주이상스의 착각에 빠진다. 말하자면 대상 a가 주이상스의 대상이라는 착각에 빠진 것이다. 여성의 육체, 또 그것을 부수고 자르는 착각 행위를 대상 a라고 집착해서, 그것에서 희열, 주이상스를 추구하는 것이다. 이렇게 되면 주체와 착각한 대상의 혼동, 주체와 착각한 대상과의 동일시를 낳게 된다. 주체가 착각한 대상이 되면, 주체는 그 대상을 즐기면서 사라진다(Nasio 1987: 136). 그래서 유아무개는 여성의 육체와 그것을 부수고 자르는 행위에서 주이상스를 느끼면서 자신이 사라지는 상태, 현실감각이 없는 상태, 이른바 죽음의 상태, 죽음의 충동에 이른다. 죽음의 충동은 대상의 파괴와 분열, 긴장이 없는 상태, 무기체적 상태로의 숙명적 회기, 죽음의 고요함과 휴식을 향하는 상태이기 때문이다. 그러나 유아무개의 그 순간은 동시에 아버지 이름의 폐지(forclusion)(Lacan 1966: 577), 아버지 법의 폐지라는 정신증의 상태와도 겹치게 된다. 그런 의미에서 유아무개의 성도착증은 정신증(정신병)적 요인을 가진 것이다.

5. 존재는 타인과 함께 감각과 느낌의 교환으로 행복의 결실을 맺는다

어떤 측면에서 범죄는 말 없는 의문들이고, 해독해야 할 메시지이며 오해이고, 이는 또한 범죄자 자신의 고통을 범죄로 전하는 진실의 표현이다. 인간 존재가 세상에 태어남은 아버지와 어머니 그리고 아이 이렇게 세 사람의 욕망이 육화된 것이다. 수정은 이미 이 세 사람의 욕망의 시작이고, 탄생은 생명과 욕망의 힘이 이어지는 순간으로서 세 욕망, 어머니의 욕망과 아버지의 욕망 그리고 육체 속에 피어나는 아기 주체의 욕망이 만난 결과이다. 관계의 존재인 인간은 태아 때부터 시작하여 생명이 멈추는 순간까지 인간과의 관계를 통해 인간화되고 그 인간화를 지속적으로 수행한다. 인간 존재는 타인과 함께 감각과 느낌의 교환으로 행복의 결실을 맺는 것이다. 그때문에 타인과의 관계는 언어를 통해 상징화된다.

말하자면 아이는 엄마에 대한 욕망을 갖는다. 그런데 이 욕망을 실현화할 수 없다는 것을 느꼈을 때, 아이는 중대한 상실감을 겪는다. 바로 그때 아이의 심정을 전할 다른 길이 열린다. 이 길이 바로 언어이다. 언어는 공동체 구성원들이 서로의 심정을 이해할 수 있는 수단이 된다. 이제 우리 인간은 언어로 자신의 심정을, 상실감을 이미 겪은 다른 사람들과 교환한다. 충동의 만족을 즉시 완전하게 만족할 수 없기에 언어를 통해 공동체 내의 다른 사람과 만나고 마음을 교환하고 애정을 교환하면서 인간화되고 사회화된다. 라캉의 용어로 상징계로의 진입을 의미한다.

그러나 유아무개는 엄마에 대한 욕망, 즉 절대적 큰 타자(Autre), 절대 주이상스가 인간 상호 간의 호감 있는 언어와 마음의 교환으로 대체되지 못한다. 상징계로의 진입의 실패는 더 이상 인간이기를 거부하는 것과 같다. 이유는 상징계에서는 영원한 만족, 절대 주이상스는 없기 때문이다. 결핍과 분리는 인간의 운명이다. 결핍의 완전한 충족, 절대쾌가 없기에 상징계는 결핍을 배척한다. 어떠한 의미도 결국 불충분하다는 원초적 상실의 경험을 덮기 위해 인간 주체는 의미를 갖는 모든 것을 상징화한다. 말하자면 인간은 존재와 의미를 모두 가질 수가 없기에, 완전한 존재, 절대쾌를 가질 수가 없기에 의미를 선택할 수밖에 없는 운명에 산다. 의미를 선택하면 물론 존재는 사라지지만 인간 주체는 살아남는다. 완전한 존재, 절대쾌를 선택하면 의미가 사라지기 때문에, 그것은 더 이상 인간이 아니다. 바야흐로 살인을 저지르는 상태에 있었던 유아무개는 더 이상 인간이기를 거부하고 죽음의 충동의 상태에 있었던 것이다.

유아무개의 범죄 일지

유아무개는 2003년 9월 24일 서울 강남구 신사동에서 S여대 명예 교수 이 모(72) 씨와 부인 이 모(67) 씨를 둔기로 머리를 가격하여 살해한다.

노부부는 머리가 깨어진 채 잠옷 바람으로 엎어져 있었고, 이불과 방바닥은 온통 피로 물들어 있었다. 112신고를 받고 출동한 강남 경찰서 형사들은 출입문이 잠겨 있고 외부에서 침입한 흔적이 없으며, 뒤진 흔적은 있으나 거액의 현금과 귀금속들이 그대로 있는 걸 보고는 면식범에 의한 원한 관계나 가족 갈등에 의한 살인으로 보고 피해자 주변을 중심으로 수사에 착수했다.

서울 경찰청 과학수사 요원들의 현장 감식과 국립과학수사연구소의 부검결과 남편인 이 씨는 머리에 둔기로 5차례 공격을 받고 두개골 골절 및 뇌손상을 심하게 입은 것이 사인이었고, 목과 팔에도 칼에 찔린 상처와 골절상이 발견되어 방어와 저항을 한 흔적이 있었다.

아내인 이 씨는 같은 둔기로 머리에만 3번의 공격을 받았는데, 정수리 부근에 집중됐다. 다른 부위에는 공격받은 흔적이 없는 것으로 보아 전혀 저항하지 못한 상태에서 일방적인 공격을 받고 사망한 것으로 판단됐다.

2003년 10월 9일, 종로구 구기동에서 주차관리원 고 모(60) 씨의 집에 침입해 고 씨의 아내(58)와 어머니 강 모(82) 씨, 고 씨의 아들(35)을 둔기로 34회를 강타해 살해했다. 고 씨는 퇴근 후 저녁에 집에 들어와서 처참한 현장을 보게 되었다.

아내는 거실에 쓰러져 있었고, 지체장애 아들은 2층 방문 앞에, 노모는 현관 앞에 쓰러져 있었다.

당시 언론에서는 신사동 사건과 한데 묶어 이를 '부유층 노인 연쇄살인'이라 부르기 시작했다. 그러나 경찰에서는 강남경찰서와 서대문경찰서에 각기 수사본부가 꾸려졌다. 이들은 인근 지역 불량배, 강절도 전과자와 정신질환자를 대상으로 탐문 수사를 전개해 나갔다.

2003년 10월 16일, 강남구 삼성동 2층 단독주택에 침입해 최 모(70) 씨의 부인 유 모(69) 씨를 둔기로 살해했다. 지병치료를 위해 장인을 모시고 병원에 가려던 사위 최 씨가 사건 현장을 발견했다.

이 사건 역시 유아무개는 침입흔적을 남기지 않았으나, 경찰은 집 뒤쪽 담장 안과 밖에서 다량의 발자국을 발견했다. 경찰은 '구기동 사건' 족적과 비교해 일치한다는 점을 발견하고 동일범으로 추정했다.

당시 언론 보도는 연쇄살인임을 기정사실로 받아들였고, 경찰이 범인의 윤곽조차 잡지 못한 채 엉뚱하게 피해자 가족과 주변인물을 수사 대상으로 삼아 괴롭힌다고 맹렬히 비난하기 시작했다. 여론의 압박으로 경찰은 검문검색을 강화했지만, 별다른 성과를 얻지 못했다.

유아무개는 경찰을 비웃기라도 하듯이 11월 18일 종로구 혜화동의 2층 단독주택에 침입해 집주인 김 모(87) 씨와 파출부 배 모(53) 씨를 둔기로 살해했다. 지난 사건에서 족적을 남긴 것을 만회하려는 듯 유아무개는 증거 인멸을 위해 금고에 불을 지른다.

현장을 감식한 현장요원들과 사체를 부검한 국립과학수사연구소 법의관들은 둔기에 의한 두부 및 안면부 다발성 손상과 두개골 함몰 및 뇌손상 등 공격 방법과 흉기가 유아무개의 연쇄살인과 동일하다고 밝혔다. 거실과 복도에서 발견된 발자국 역시 신사동을 제외한 이전 두 사건과 일치했다.

피해자 집 주변을 수색하던 경찰은 인근 건물 입구에 CCTV 카메라가 설치되어 있는 것을 발견하고 녹화된 테이프를 분석했다. 다행히 녹화된 CCTV에는 범행을 마치고 피해자의 집 옷장에 걸려있던 점퍼를 걸쳐 입은 유아무개가 보였다. 뒷모습이라 얼굴을 확인할 수 없었지만, 경찰은 이 영상으로 범인의 키가 168cm라는 것과 2~30대 후반의 남자, 그리고 족적 검색에서 찾은 K제화 B캐주얼화를 신고 다니는 것을 확인했다.

경찰은 곧 수배령을 내렸다. CCTV의 인상착의를 토대로 신원미상의 남자를 찾는 수배전단도 만들었다. 수사망이 좁혀져 오자 유아무개는 살인행각을 잠시 멈춘다.

2004년 3월, 유아무개는 살인방법에 변화를 준다. 그는 서울 마포구 노고산동의 한 오피스텔에서 마사지 도우미 김 모(여25) 씨를 살해한다. 이전의 노약자에서 여성 살인으로 범죄 대상을 바꾼다. 이 사건이 일어나기 얼마 전, 유아무개는 절도혐의로 경찰조사를 받았다. 그러나 경찰은 구속하지 못한 채 그를 풀어줬고, 이후에 12건의 연쇄살인이 일어났다. 당시 경찰의 안일함이 연쇄살인을 막을 수 있었던 것을 놓치고 말았다. 당시 유아무개는 2004년 1월 21일 서울 신촌의 한 찜질방에서 손님의 옷장 열쇠를 훔쳐 현금 4만 원과 5만 원 상품권 등 10만 원 상당의 금품을 훔친 절도 혐의로 체포됐다. 그가 체포된 1월은 혜화동 사건까지 8명의 부유층 노인을 살해한 뒤 전화방 여성과 교제하던 때였다. 그는 1월 20일 밤 30대 여성과 찜질방을 찾았다가 다음 날 오전 7시 30분쯤 자고 있던 손님의 열쇠를 훔쳐 옷장에 있던 지갑에서 뭔가를 꺼내다가 종업원의 신고로 오전 9시 30분쯤 경찰에 넘겨졌다. 유아무개는 혐의를 극구 부인했으나 경찰은 목격자의 진술에 신빙성이 있다고 판단해 절도혐의로 구속영장을 신청했다. 하지만 경찰은 혐의를 입증하지 못했고, 범행금액도 적어 쉽게 풀려날 수 있었다.

2004년 4월 14일 유아무개는 서울 중구 황학동의 도깨비시장에서 노점상을 하던 안 모(44) 씨를 자신의 승합차로 유인해 살해했다. 그는 시신과 함께 승합차를 월미도에 유기하며 차에 불을 질렀다.

차 안에서 타던 시체는 양손목이 절단되어 없는 상태였고, 온몸에 20여 군데 칼에 찔린 상처가 발견됐다. 국과수의 부검 결과 머리에서 커다란 둔기로 얻어맞은 상처도 발견됐다. 이를 통해 유아무개가 벌인 일이라는 것을 추정할 수 있었다.

유아무개는 2004년 4월부터 7월까지 마포구 노고산동의 한 오피스텔에서 전화방도우미, 마사지도우미 등 총 11명 여성을 살해했다. 대부분의 사건이 출장업소에 전화를 걸어 여자를 불러내는 방식이었다.

당시 경찰은 성매매업에 종사하는 여성의 실종사건이라 치부했다. 이 때문에 적극적으로 수사가 이루어지지 않았고, 이는 나중에 비난의 화살이 되었다. 이 사건을 두고 경찰이 수사에 적극적이었다면 더 빨리 유아무개를 잡을 수 있었다는 지적이 꾸준히 제기됐다.

업주과 공조해 체포

2004년 7월 12일 밤 11시경, 서울 관악구에 사무실을 둔 출장 마사지 업체에 30대 남자 목소리로 전화가 걸려왔다. 발신자표시 장치에 남겨진 번호는 휴대전화, 신촌 로터리에서 만나자는 호출이었다. 전화를 걸었던 남성이 바로 유아무개이었다.

이 전화를 받고 나간 임 모(여27) 씨는 자정이 조금 넘은 시간에 업소로 전화를 걸어 다급하게 비명 같은 한마디를 남겼다. "나 지금 납치되고 있어요." 전화를 받았던 동료가 다시 통화를 시도해봤지만 이미 휴대폰은 꺼져 있었다. 이후 임 씨는 연락도 두절되고 업소로 돌아오지도 않았다.

비록 출장 마사지업에 종사했지만 누구보다 성실하고 고향 가족에게 꼬박꼬박 돈을 보내는 보람으로 살아가던 임 씨였기에 장난이나 허위 전화는 아니라는 것이 업소 사람들의 일치된 의견이었다. 이에 출장마사지 업주는 특정 번호로 걸려온 전화를 받고 나간 여인들이 돌아오지 않는 것을 알았고, 다른 업주들과 힘을 모아 범인을 잡자고 모의한다.

유아무개는 꼬리가 밟힐 걸 우려해 한번 걸었던 업소 전화번호로는 다시 여자를 부르지 않았지만, 그 각기 다른 전화번호들이 최종적으론 한 업소가 사용한다는 것을 잘 몰랐다. 세상에 완전 범죄는 없다는 금언처럼 같은 번호로 전화가 오자, 업주는 경찰을 불러 여성과 함께 만나기로 한 장소로 나간다.

결국 유아무개는 2004년 7월 18일 체포됐다. 그는 현장 검증에서 26명을 살해하였다고 주장했다. 하지만 26명을 살해했다는 주장(변호사에게는 30명을 죽였다고 했다)은 증거도 없고 정황도 맞지 않아서 신빙성이 떨어진다고 받아들여지지 않았다. 최종적으로 살해한 희생자는 20명으로 확인 됐다. 이후 8월 13일 구속기소 돼 20명에 대한 살인죄의 유죄가 인정됐다.

유아무개는 지난 2005년 6월 9일 대법원에서 사형이 확정되었고 현재도 구치소에서 복역 중이다. 그에 대한 사형은 아직까지도 집행되지 않아 사형 미결수로 분류돼 있다.

문제는 유아무개의 교도소 수감생활이다. 그는 수감 후에도 문제를 많이 일으켜 물의를 빚었다. 사건에 대한 반성이나 사죄는 없고, 교도소 안에서도 문제를 일으키고 있다고 한다.

교도관에게 불성실하게 대하는 등 행실 역시 나빠서 자주 독방에 가둬지는 처벌을 받았다고 한다.

한편, 2008년 2월 유아무개를 모티브로 한 영화 <추격자>가 개봉되어 500만 명의 관객을 동원하며 흥행을 기록했다. 스크린을 통해서도 그의 사건은 적잖은 충격을 불러일으켰다.

참고 문헌

이유섭, "라깡의 남근과 거세", 『코리안 이마고』 (하나의학사, 1997).

이유섭, "프로이트·라깡으로 읽는 아버지 – 조상신", 『코리안 이마고』 (인간사랑, 1998).

이유섭 외역, 『정신분석대사전』 (백의, 2005).

이유섭, 『정신건강과 정신분석』 (레인보우북스, 2012).

이유섭, 『가족상담 심리치료』 (레인보우북스, 2013).

이유섭, 『라깡과 현대정신분석』 한국현대정신분석학회 편, 1999년 제1권, 2007년 제 9집, 2009년 제11집, 2010년 제12집, 2011년 제13집, 2012 제14집 1권, 2015 제17권 2호. 2017 제19권 2호.

프로이트 저/김재혁 역, 『꼬마 한스와 도라』 (열린책들, 1997).

Chemana R., (Sous la direction) *Dictionnaire de la psychanalyse*, Paris; Larousse, 1993.

Demoulin C., *La psychanalyse, thèrapeutique?*, Paris; Editions du champ lacanien, 2001.

Dolto F., *Psychanalyse et pèdiatrie*, Paris; Seuil, 1971.

Dolto F., *Tout est langage*, Paris; Vertiges – Carrère, 1987.

Dolto F., *L'èchec scolaire*, Paris; Ergo Press, 1988.

Dolto F., *La Cause des adolescents*, Paris; Robert Laffont, 1988.

Dolto F., *L'image inconsciente du corps*, Paris; Seuil, 1984.

Dolto F., *Sexualitè fèminine*, Paris; Scarabee & Compagnie, 1982.

Dor J., *Introduction à la lecture de Lacan*, Paris, Tome 1 – 1985, Tome 2 – 1992.

Dor J., *Le Père et sa fonction en psychanalyse*, Paris; Erès, 1998.

Freud S., *L'interprétation des rêves*, Paris; PUF, 1971.

Freud S., *Trois essais sur la théorie de la sexualité*, Paris; Gallimard, 1968.

Freud S., *Cinq psychanalyses*, Paris; PUF, 1954.

Freud S., *Totem et tabou*, Paris; Payot, 1965.

Freud S., *Essais de psychanalyse*, Paris; Payot, 1981.

Geberovich F., *No satisfaction ─Psychanalyse du toxicomane─*, Paris; Albin Michel, 2003.

Kaufmann P., *L'Apport Freudien*, Paris; Bordas, 1993.

Kristeva J., *Au commencement était l'amour*, Paris; Hachette, 1985.

Kristeva J., *Les nouvelles maladies de l'âme*, Paris; Fayard, 1993.

Lacan J., *Ecrits*, Paris; Seuil, 1966.

Lacan J., *Le Séminaire XI, Les Quatre Concepts fondamentaux de la psychanalyse*, Paris; Seuil, 1973.

Lacan J., *Le Séminaire, III, Les Psychoses*(1955─1956), Paris; Seuil, 1981.

Lacan J., *Le Séminaire IV, La relation d'objet*, Paris; Seuil, 1994.

Lacan J., *Le Séminaire V, Les formations de l'inconscient*, Paris; Seuil, 1998.

Laplanche J., *Problématique II: castration, symbolisation*, Paris; PUF, 1983.

LEE, You─sub, *Approche psychanalytique de la mythologie coreenne*, Université de Toulouse II, 1994.

Miller G.(sous la direction), *Lacan*, Paris; Bordas, 1987.

Nasio J.─D., *Les Yeux de Laure*, Paris; Flammarion, 1987.

Nasio J.─D., *Introduction aux oeuvres de Freud, Ferenczi, Groddeck, Klein, Winnicott, Dolto, Lacan*, Paris; Rivages, 1994.(『위대한 7인의 정신분석가』, 이유섭 외역, 백의, 1999.)

Nasio J.─D., *Cinq leçons sur la théorie de Jacques Lacan*, Paris; Payot, 1994.

Nasio J.─D., *Le Livre de la Douleur et de L'Amour*, Paris; Payot, 1996.

Postel J.(sous la direction), *Dictionnaire de Psychiatrie*, Paris; Larousse, 1993.

Rank O., *Traumatisme de la naissance*, Paris; Payot, 1928.

Razavet J─C., *De Freud à Lacacn*, Paris; De boeck, 2002.

Roudinesco E., et Plon M., *Dictionnaire de la psychanalyse*, Paris; Fayard, 2002(『정신분석대사전』, 이유섭 외역, 백의, 2005).

Sauret M.−J., *Croire?*, Toulouse; Privat, 1982.

Sauret M.−J., *De l'infantile à la structure*, Toulouse; PUM, 1992.

Segal H., *La Pulsion de mort*, Paris; PUF, 1987.

This B., *Le père: acte de naissance*, Paris: Seuil, 1980.

Vasse D., *Le temps du désir*, Paris; Seuil. 1969.

저자약력

현 명지전문대학 사회복지학과 교수
동교 학과장 및 상담센터 소장 역임
서울시립 서대문인터넷중독상담센터 센터장 역임
프랑스 툴루즈II대학교 박사(정신분석학, 기호학)
프랑스 동교 정신분석최고학위 취득, 정신분석가
현, 한국현대정신분석학회 회장

저자 연구서

『정신건강과 정신분석』(저서, 레인보우북스), 『가족상담 심리치료』(저서, 레인보우북스), 『성 관계는 없다―라깡 정신분석학의 이론과 실제』(저서, 민음사), 『사회복지실천론』(저서, 해심), 『코리안 이마고』1, 2(공저, 하나의학사, 인간사랑), 『낙태 포르노 인간복제』(공저, 고원), 『새로운 공동체를 찾아서』(공저, 한맥), 『우리시대의 욕망 읽기』(공저, 문예출판사), 『행동장애와 심리치료』(공저, 교육과학사), 『자원봉사론』(공저, 박영사), 『사회복지실천기술론』(공저, 레인보우북스), 『위대한 7인의 정신분석가』(책임역, 백의), 『정신분석대사전』(책임역, 백의), 『라깡 정신분석사전』(공역, 인간사랑) 등.

저자 연구 논문

「프로이트의 '자아' 패러다임」, 「정신분석의 전이」, 「가학―피학증의 이해」, 「청소년의 정신분석」, 「마약류 남용 및 중독의 정신분석적 이해」, 「연쇄 살인범 유아무개의 정신분석적 이해」, 「프로이트·라깡으로 읽는 아버지―조상신」, 「라깡의 남근과 거세」, 「인간 발달과 환경」, 「돈과 돈의 사용에 관한 정신분석학적 일고찰」, 「정신심리(psychism)적 성의 이해」, 「라깡의 기호학적정신분석에 관한 일고찰」, 「사랑과 고통의 정신분석 소고」, 「라깡의 욕망의 기호학」, 「정신분석학적 가족치료 일고찰―보웬의 삼각관계와 라깡의 R도식을 중심으로―」, 「라깡의 정신증 일고찰―I도식과 폐지(forclusion)를 중심으로―」, 「정신분석학적 자아 일고찰―프로이트의 자아와 라깡의 자아를 중심으로―」, 「라깡 정신분석의 실재와 현실, 환타즘 관계에 관한 일고찰」 등.

현대인의 심리분석 에세이
사례중심

초판발행	2018년 3월 5일
지은이	이유섭
펴낸이	안상준
편 집	박송이
기획/마케팅	송병민
표지디자인	조아라
제 작	우인도 · 고철민
펴낸곳	㈜ 피와이메이트
	서울특별시 마포구 월드컵북로 400, 5층 2호(상암동, 문화콘텐츠센터)
	등록 2014. 2. 12. 제2015-000165호
전 화	02)733-6771
f a x	02)736-4818
e-mail	pys@pybook.co.kr
homepage	www.pybook.co.kr
I S B N	979-11-88040-48-3 93180

정 가   12,000원

박영스토리는 박영사와 함께하는 브랜드입니다.